Mein Kind kommt in die Schule

Gertrud Teusen

Mein Kind kommt in die Schule

Startklar für Vorschulzeit, Einschulung, 1. Schuljahr

urania

Gertrud Teusen studierte Kommunikationswissenschaften, Politik und Psychologie. Danach arbeitete sie als Journalistin für unterschiedliche Publikumszeitschriften. Ihr erstes Buch erschien 1988, inzwischen hat sie über 70 weitere Bücher verfasst. Themenschwerpunkte waren immer wieder Erziehungsratgeber. Seit einigen Jahren arbeitet sie zudem als Textcoach und Ghostwriterin sowie in der Filmbranche. Gertrud Teusen hat zwei erwachsene Kinder und lebt in der Nähe von München.

Neuausgabe 2013

Bisheriger Titel: Erfolgreich in die Schule starten
© Urania Verlag in der Verlag Kreuz GmbH, Stuttgart, 2009
© Urania Verlag in der Verlag Herder GmbH, Freiburg im Breisgau, 2013
Alle Rechte vorbehalten
www.urania-verlag.de; www.herder.de

Umschlaggestaltung: Verlag Herder
Umschlagmotiv: © Mauritius Images
Redaktion: Annette Gerstenkorn
Satz: Arnold & Domnick, Leipzig
Herstellung: Graspo, Zlín
Printed in the Czech Republik

ISBN 978-3-451-66034-4

Inhalt

Der Schulalltag kehrt ein

Das erste Schuljahr

Vorwort

»Der Wert des einzelnen Kindes ist enorm gestiegen, seitdem
Eltern entscheiden können, ob sie Kinder wollen. Und wenn sie
sich dafür entscheiden, muss es auch ein Erfolg werden«, sagt
der Schweizer Kinderarzt Remo Largo in einem Zeitungsinter-
view. »Kinder haben« und »Erfolg werden« – das sind zwei
Aussagen, die auf den ersten Blick nicht so recht zusammenpas-
sen. Aber weil es in unserer Zeit immer weniger Kinder in den
Familien gibt, wird auf die wenigen auch ganz besonders gut
aufgepasst.
Der Anspruch ein »Erfolg zu werden«, kommt zum ersten Mal
ins Spiel, wenn Kinder eingeschult werden. Es ist schön, dass
Eltern heute eine enge Beziehung zu ihren Kindern haben, oft
enger als die Beziehung dieser Erwachsenen zu ihren eigenen
Eltern je war. Problematisch wird es aber, wenn Eltern denken,
dass Kinder nur dann »richtig« lernen, wenn ein Erwachsener
als Erklärer und Lenker dabei ist. Kommen Kinder in die Schule,
müssen Eltern diese Position des einzig »Allwissenden« aufgeben
oder zumindest mit den Lehrern teilen.
Dass Kinder in der Schule erfolgreich sind, wird immer wichtiger. Zu wichtig, scheint es fast, denn um den Anforderungen
zu genügen, wird die wenige Zeit, die Kinder noch zur freien
Verfügung haben, immer weiter beschnitten – ein Extrakurs hier,
Ballettstunden da, Fußballtraining am Abend. Auffällig ist, dass
immer weniger Zeit bleibt, um die einfachen Dinge des Kind-
seins zu genießen wie z. B. das freie Spiel.
Wie wichtig dieses freie Entdecken, Experimentieren und Er-
kunden für die kindliche Entwicklung ist, lässt sich mit nichts
anderem vergleichen. Gerade im ersten Schuljahr brauchen
Kinder diese freie Zeit, um die wichtigen Entwicklungsschritte
zu vollführen, die aus ihnen ein richtiges Schulkind machen.
Die Angst der Eltern um die Zukunft ihrer Kinder, gepaart mit
hohem persönlichen Ehrgeiz, erzeugt Druck, dem die Kinder auf

Dauer nicht standhalten können. Dieses Buch soll Ihnen helfen, Ängste und Druck von den Kindern zu nehmen und sie souverän durch den Schulstart zu begleiten. Denn eine aufregende Zeit wird es allemal: Für die Kinder, die Neues entdecken dürfen, und für die Eltern, die loslassen müssen, um eine gesunde Distanz in die bislang so enge Familienstruktur zu bekommen. Diese Distanz ist wichtig, denn von außen betrachtet ist es noch viel schöner, dem Kind bei seinen Erfolgen zuzusehen, als wenn man sie doch wieder nur als persönliche Erziehungsleistung verbuchen kann.

Das erste Kapitel dieses Buches ist der Vorbereitung auf die Schulzeit gewidmet und dreht sich vor allem um die Frage »Ist mein Kind schon bereit für die Schule?« Den richtigen Zeitpunkt für die Einschulung zu wählen, obliegt den Eltern. Dabei sind sie oft hin- und hergerissen zwischen Stolz auf die kleinen »Großen« und Zweifel an deren Durchhaltevermögen.
Ist der große Tag endlich gekommen, geht alles ziemlich rasch und ohne Atempause über die Bühne. Vom Sandkasten auf die Schulbank ist es nur ein winziger Schritt und wie bedeutungsschwer der sein kann, erfahren Sie im zweiten Kapitel.
Das Einleben in den Mikrokosmos «Schule» erfordert schlussendlich von allen Beteiligten – Kindern wie Eltern – eine große Anpassungsleistung. Was da alles auf Sie zukommt, wird im dritten Kapitel zusammengefasst.
Sie kennen sicherlich die Redensart: »Kleine Kinder, kleine Sorgen, große Kinder, große Sorgen.« Dass daran leider sehr viel Wahres ist, erkennt man im Laufe der (Grundschul-)Zeit. Mit den Kindern wachsen auch die Probleme und die sind mit elterlichem Trost allein oft nicht aus dem Weg zu räumen. Die Einschulung fordert von den meisten Kindern ihren Tribut und dabei könnte man durchaus den Eindruck gewinnen, es gäbe gar keine »normalen« Kinder mehr.

Mario ist Linkshänder und Maxi ist Legastheniker. Sophia leidet unter Dyskalkulie und Marie hat eine Brille. Der freche Moritz gilt als hyperaktiv und der strebsame Sebastian ist hochintelligent. Marcel trägt eine Zahnspange und Laura geht zur Logopädie. Thorsten macht nachts immer noch ins Bett und Michael hat schon wieder ein paar Kilos zu viel auf den Rippen. Von solchen Schwierigkeiten geplagte Kinder findet man immer öfter in den Klassenzimmern. Und: Perfekte Kinder haben immer nur die anderen.

Dabei gibt es zahlreiche Probleme, die eigentlich keine sein dürften – zumindest aus der Sicht von uns Erwachsenen. Kinder sehen das jedoch zumeist anders. Sie wollen nämlich nur eins – so sein, wie alle anderen auch. Die Brille von Marie, die Zahnspange von Marcel, der hohe IQ von Sebastian, die Linkshändigkeit von Mario – das ist doch nichts, wofür man sich schämen müsste. Doch selbst das wird für die (Grund-)Schüler unter Umständen zum Problem. Diese »ganz normalen« Schulprobleme werden im vierten Kapitel dieses Buches aufgegriffen.

Die Idee zu diesem Buch verdanke ich übrigens meiner Tochter Lisa, die mit ihrer starken Persönlichkeit für eine recht turbulente Grundschulzeit sorgte.

Insgesamt dauerte meine persönliche »Grundschulzeit« sieben Jahre, was mich heute auf einen sehr reichen Erfahrungsschatz zurückblicken lässt. Deshalb weiß ich aus eigener Erfahrung und aus den Gesprächen mit zahlreichen anderen Eltern:

Eine aufregende Zeit ist das erste Schuljahr sowieso, bei einer wohlüberlegten Vorbereitung soll Ihnen dieses Buch helfen.

Gertrud Teusen

Das Jahr vor der Schule

Vom Kindergarten in die erste Klasse: Für alle Kinder ist das ein Riesensprung. Viele sehnen sich den Wechsel von der Sandkiste auf den Pausenhof herbei, mindestens ebenso viele haben auch ein bisschen Angst davor.

Auch den Eltern geht es nicht anders: Viele fragen sich, ob ihr Kind denn überhaupt schon fit für den großen Schritt ist. Zum Glück haben Sie noch ein wenig Zeit, um eine Antwort darauf zu finden. Dieses Kapitel hilft Ihnen dabei.

Was bedeutet es, »schulreif« zu sein?

Früher glaubte man, man müsse nur abwarten, bis die Entwicklung eines Kindes so weit gediehen ist, dass es »reif« für die Schule ist. Der Begriff »Schulreife« stammt allerdings aus dem letzten Jahrhundert, ist veraltet und wird deshalb von Experten nicht mehr verwendet. Heute weiß man, dass Kinder sich unterschiedlich schnell entwickeln. Familie und Umfeld, soziale Kontakte und Lernmöglichkeiten haben einen entscheidenden Einfluss auf die kindliche Entwicklung. Darüber hinaus hat jedes Kind sein eigenes »Tempo«, mit dem es Fähigkeiten entwickelt, die es später im Schulalltag braucht.
Deshalb spricht man heute lieber von »Schulfähigkeit«, manchmal auch treffender von »Schulbereitschaft«.

Wer ist schulfähig?

Um schulfähige von nicht schulfähigen Kindern zu unterscheiden, hat man zahlreiche Testverfahren entwickelt. Die Ergebnisse jedoch sind allesamt nicht befriedigend, denn sie stellen immer nur eine Momentaufnahme der kindlichen Leistungsfähigkeit bzw. -bereitschaft dar und sagen wenig über einen erfolgreichen Schulstart aus.
Einig sind sich Experten nur in einem Punkt: Eine allgemeingültige Definition von Schulfähigkeit oder Schulreife gibt es nicht. Zudem sind beide Begriffe missverständlich, weil der eine bereits gewisse »Fähigkeiten« unterstellt und der andere die »Reife« betont, die ebenso schwer zu definieren ist.
Das größte Problem besteht darin, dass die Anforderungen einer Schule an das Kind beim Schulantritt verschieden ausfallen und nirgendwo explizit festgeschrieben sind. Zudem verändern sich Vorschriften und Richtlinien, Lehrmethoden und Bildungsinhalte schnell und sind noch dazu von Bundesland zu Bundesland

unterschiedlich. Davon abgesehen spielen auch Rahmenbedingungen wie die personelle und materielle Ausstattung der Schule, die Klassengröße und -zusammensetzung eine wichtige Rolle. Eines steht jedoch fest: Ein Kind wird erst in der Schule zum Schulkind. Das bedeutet, es muss keine Vorkenntnisse (beispielsweise im Rechnen, Lesen oder Schreiben) haben, um schulfähig zu sein. Die Vermittlung von Fähigkeiten übernimmt die Schule, für gute Laune und weniger Angst müssen zunächst einmal die Eltern sorgen. Die Frage, die man sich stellen sollte, muss also lauten: Ist mein Kind schon bereit und fähig, ein Schulkind zu werden?

Ein erfolgreicher Schulstart hängt von vielen Faktoren ab.

Was sagt der Gesetzgeber?

Kultur ist Ländersache und dazu gehört auch das jeweilige Bildungs- bzw. Schulsystem. Jedes Bundesland regelt die Zugangsvoraussetzungen anders. Es gibt verschiedene Altersvorgaben und unterschiedliche Stichtagregelungen. Dieses grobe Raster unterteilt die Kinder in »Muss-Kinder« und »Kann-Kinder«. Für »Muss-Kinder« ist die Einschulung zum Beginn des nächsten Schuljahres verpflichtend. Es gibt die Möglichkeit der Zurückstellung, doch das wird immer schwerer. Im Gegenzug sinkt das Einschulungsalter, sodass die Kinder immer früher in die Schule müssen.

Das Einschulungsalter

Früher war man der Ansicht, dass ein späterer Einschulungstermin den Schulerfolg sicherer macht. Deshalb entschieden sich viele Eltern dafür, ihr Kind zurückstellen zu lassen, wenn es kurz vor dem Stichtag geboren wurde.
Tatsache ist: Das Einschulungsalter liegt in Deutschland heute noch bei 6,7 Jahren. Die Zahl der zurückgestellten Kinder

**Das Einschulungs-
alter wird weiter
heruntergesetzt.**

eines Jahrgangs liegt bei 10 Prozent, dem entgegen lassen nur rund drei Prozent der Eltern ihre Kinder früher einschulen als gefordert. Darüber sind Politiker und Pädagogen entsetzt, denn so können unsere jungen Leute im internationalen Wettbewerb nicht mithalten. Wenn sie die Schule beendet haben, machen Gleichaltrige im Ausland bereits ihren Hochschulabschluss. Doch anstatt die Rahmenbedingungen und Lehrpläne gründlich zu verändern, schraubt man nur das Einschulungsalter herunter. Das liegt bundesweit bei sechs Jahren, allerdings sind die Stichtage unterschiedlich geregelt. Mal muss man am 30. Juni, mal am 30. September und bald erst am 31. Dezember im Jahr der Einschulung seinen sechsten Geburtstag feiern, um bereits »schulfähig« zu sein.

Dabei kann man sich leicht vorstellen, dass Kinder mit fünfeinhalb Jahren noch ganz anders an das Lernen gehen als knapp Siebenjährige.

Die Schulanfänger mit fünf, sechs oder sieben Jahren

Die Fünfjährigen sind nicht Fisch, nicht Fleisch, nicht mehr klein, aber auch noch nicht groß. Je nach Tagesform sind sie trotzig wie die Dreijährigen und neunmalklug wie die Schulkinder. Sie können und wissen schon viel, manche sind regelrechte Experten auf einem Fachgebiet (zum Beispiel Dinosaurier). Daraus schlussfolgern sie, dass Erwachsene nicht allwissend sind und auch nicht immer recht haben. Gelegentlich liefern sie auch gute Argumente, sodass man geneigt ist, ihnen zu glauben. Diese kleinen Siege führen leicht zu einer Art Größenwahn, mit dem sie ganz gut durchs Leben kämen, wenn da bloß nicht die Erwachsenen mit ihren Regeln wären. Ihr glorreiches Selbstbild verträgt keine Kritik. Das Umfeld, die Freunde und Gleichaltrigen, werden gern in gute und böse aufgeteilt. Macht ist das Schlüsselwort und wer sich nicht durchsetzen kann, der wird

schnell mal handgreiflich. Aggressives Verhalten wird auch
gegenüber den Eltern ausprobiert. Dabei ist das alles nur ein
Spiegelbild der zerrissenen Kinderseelen zwischen klein und
groß, zwischen verantwortungsvoll und leichtsinnig, zwischen
höflich und aufsässig. Welche Reife sie besitzen, zeigen sie nur
manchmal – und das verführt uns Erwachsene oft dazu, ihnen
schon zu viel zuzutrauen.

Die Sechsjährigen stehen definitiv vor der größten Herausforderung ihres bisherigen Lebens: dem Schulstart. Oft sind sie
auch schon bereit dafür, doch nicht immer überwiegt die pure
Vorfreude. Das liegt aber nicht an den Kindern selbst, sondern
an den Erwachsenen, die soviel Aufhebens davon machen. Ihnen
wird schnell klar, dass das lustorientierte Spielen nun ein Ende
hat und zur Kür die Pflicht kommt, die bald alles andere überwiegt. Die Unsicherheit und Angst, die damit einhergeht, wird
von der Erkenntnis genährt, dass man zwar im Kindergarten
ganz groß war, aber in der Schule nochmal ganz unten in der
Hierarchie anfangen muss. Hinzu kommen viele neue Erfahrungen, die zusätzlich Stress bereiten. Der Umgang mit Erfolgen
und Niederlagen, mit Lob und Tadel, mit mehr Selbstständigkeit, aber auch eben mit mehr Verantwortung, macht das Leben
manchmal schwer. Und in Mamas Arme flüchten – das kommt
gar nicht mehr in Frage.

Die Siebenjährigen sind oft schon ernüchtert von den Erfahrungen der letzten Zeit. Die Schule hat für sie entweder schon
begonnen oder steht nun unmittelbar bevor. An sich sind sie
entspannter als die jüngeren Schulkameraden, nehmen aber ihre
Schwächen ebenfalls schon bewusster wahr und sind dementsprechend nicht immer kindlich-naiv motiviert. Wenn sie etwas
nicht so gut können, reagieren sie oft wütend – vorzugsweise
zu Hause. Wie Schule funktioniert, begreifen die meisten etwas
schneller als die Jüngeren, doch aus dieser Erkenntnis erwächst
nicht immer Souveränität. Spät eingeschulte Kinder haben dann
oft den Eindruck, man traue ihnen zu wenig zu – und deshalb

**Der Schulstart ist
eine große Heraus-
forderung für Kinder.**

können sie es gar nicht erwarten, noch ein Stück erwachsener zu werden.

Die Einschulungsvoraussetzungen

Das wichtigste Einschulungskriterium ist das Alter des Kindes am Stichtag. Der Geburtstag entscheidet also im Wesentlichen darüber, ob ein Kind eingeschult werden muss. Über die Schulfähigkeit entscheidet in letzter Instanz der Schulleiter der zuständigen Grundschule. Vorausgegangen ist in der Regel eine schulärztliche Untersuchung, die den körperlichen Entwicklungsstand und die gesundheitliche Leistungsfähigkeit (auch der Sinnesorgane) prüft. Je nach Bundesland gibt es dann ein Elterngespräch und einen »Schnuppertag« (in Gruppen) an der Schule. Regelrechte Schuleignungstests werden nur in seltenen Zweifelsfällen durchgeführt. Im Fokus steht immer das Wohl des Kindes.

Ein erfolgreicher Schulstart hängt von vielen Faktoren ab

In die Schule mit fünf, sechs oder mit sieben Jahren? Bei dieser wichtigen Entscheidung wollen Eltern natürlich keinen Fehler machen. Doch an welchen Kriterien lässt sich Schulfähigkeit festmachen? Natürlich gibt es Fähigkeiten und Fertigkeiten, die ein Vorschüler beherrschen sollte. Das bedeutet im Umkehrschluss aber nicht, dass ein Kind, das dies oder jenes nicht kann (oder machen will), nicht trotzdem gerne und erfolgreich in die Schule gehen wird.

Die Entscheidung zur frühen Einschulung liegt bei den Eltern, ebenso wie sie darüber entscheiden können, ob ein altersgemäß einzuschulendes Kind nicht doch besser zurückgestellt werden sollte.

Die körperliche Entwicklung

Die körperliche Reife und die Gesundheit eines Kindes sind
wichtige Faktoren, um sich für oder gegen eine Einschulung zu
entscheiden. Es braucht Kraft, Größe und Ausdauer, um einen
manchmal anstrengenden Schultag gut zu überstehen und die
schwere Schultasche zu tragen.

Tatsache ist, dass es einen Zusammenhang zwischen körperli-
cher Entwicklung, dem Gesundheitszustand und einem erfolgreichen Schulbesuch gibt. So lernen aktive Kinder, die sich viel
bewegen, leichter als Bewegungsmuffel. Eine gute Körperbeherr-
schung schützt vor Unfällen und verleiht Selbstbewusstsein. Das
hilft natürlich auch, schwierige Situationen mit Selbstvertrauen
zu meistern.

Motorik ist die Koordination von Bewegungsabläufen.

Ganz wichtig ist aber ebenso ein gutes Seh- und Hörvermögen,
denn es steht im engen Zusammenhang mit dem Lernen von
Lesen und Schreiben. Manuelle Geschicklichkeit (Stichwort:
Feinmotorik) ist fürs Schreiben unerlässlich.

Wichtige Eckpfeiler der körperlichen Entwicklung

- Wie groß ist Ihr Kind? Gibt es deutliche Abwei-
  chungen zu Gleichaltrigen? Hat sich sein Körperbau
  schon von der kleinkindlichen Form verändert und in
  die Länge gezogen?
- Kann Ihr Kind seine Bewegungen vernünftig koordi-
  nieren? Zum Beispiel auf einem Bein stehen, einen Ball
  fangen, Fahrrad oder Dreirad fahren, balancieren?
- Wie ist Gesundheitszustand des Kindes? Hat es außer-
  gewöhnliche oder chronische Erkrankungen? Wie ist
  seine Konstitution? Kann es den Ranzen allein tragen?
  Hält es einen Schultag durch?

Für die Schule sind eindeutig feinmotorische Fähigkeiten wichtig. Es kommt dabei nicht nur auf manuelles Geschick an, sondern auch auf die Koordination unterschiedlicher Sinnesorgane.

Um die Motorik auszubilden, ist es gut, wenn Kinder sich viel bewegen. Laufen, hüpfen, springen, balancieren – all das schult die Motorik.

Der menschliche Körper hat 650 Muskeln, die zum Großteil bewusst koordiniert werden können.

Vereinfacht ausgedrückt fördern Kinder also durch ihren ganz natürlichen Bewegungsdrang die Grobmotorik. Dabei schulen sie Ausdauer und Konzentration, Geschicklichkeit und Koordination, ohne sich dessen bewusst zu sein. Aber auch die Hände und Finger brauchen Training, um ihre Geschicklichkeit zu entfalten. Das nennt man dann Feinmotorik – und die braucht man fürs Schreibenlernen, Basteln, Malen, aber auch fürs Schuhezubinden.

Die intellektuelle Reife

Die intellektuellen Fähigkeiten werden gern betont, wenn es darum geht, ein Kind frühzeitig einzuschulen. Dahinter verbirgt sich die geistige Reife, die natürlich auch gegeben sein muss, wenn man erfolgreich in die Schule starten will.

Aber woran lässt sich »intellektuelle Reife« festmachen? Generell sollte jedes Kind, das in die Schule kommt, über gewisse Grundvoraussetzungen im verstandesmäßigen (kognitiven) Bereich verfügen. Es sollte beispielsweise Geschichten, die ihm erzählt werden, verstehen und sinngemäß wiedergeben können. Kinder sollten singen, reimen und ihre Bedürfnisse mitteilen können.

Insgesamt ist die intellektuelle Reife ein weites Feld, auf dem man viele Pluspunkte sammeln kann.

Intellektuelle Fähigkeiten beurteilen

- Ist Ihr Kind neugierig? Kann es sich für neue Themen begeistern?
- Versteht das Kind die Bedeutung von Buchstaben und Zahlen?
- Kann es sich länger als 15 Minuten auf einen Sache, z. B. ein Spiel, konzentrieren?
- Kann es Farben benennen und Formen unterscheiden?
- Ist es in der Lage, sich kleinere Arbeitsaufträge zu merken und selbstständig auszuführen?
- Spricht es fließend und weitgehend grammatikalisch korrekt?
- Kann es Laute wie beispielsweise o und u, b und p sicher unterscheiden?
- Hat das Kind eine sichere Raumorientierung? Weiß es also oben, unten, vorne und hinten zu unterscheiden?

Intellektuelle Reife ist nur ein Kriterium für Schulfähigkeit!

Die emotionale Stabilität

Als Erstklässler wird Ihr Kind vielen neuen, ungewohnten Situationen begegnen. Das Schulhaus, die (meisten) Schulkameraden und die Lehrer sind neu. Hinzu kommt – zumindest zeitweise – die Trennung von Gewohntem: dem Elternhaus, den Spielkameraden, den Erzieherinnen. Nicht zuletzt verlangen auch die neuen Leistungsanforderungen ein hohes Maß an emotionaler Stabilität. Diese ist zudem wichtig, damit sich ein kleiner (oder auch großer) Mensch in einer Gruppe wohlfühlen kann. Nur wenn ein Kind in dieser Hinsicht stabil ist, hat es den Kopf frei, gerne und gut zu lernen. Die zentrale Frage lautet also: Kann Ihr Kind sich von Vertrautem lösen und auf neue Situationen und Menschen einlassen? Ist es selbstbewusst oder ängstlich? Braucht es viel Aufmerksamkeit oder kann es die eigenen Bedürfnisse zurückstellen? Wenn man sich vorstellt, wie überwältigend die Veränderung gleich zu Schulbeginn ist, weiß man, wie viel emotionale Stabilität es kostet, diese Situationen souverän zu meistern.

Ausgeglichene Kinder haben es meist leichter.

Vor allem mit Enttäuschungen und Frustrationen umzugehen, fällt vielen jüngeren Schulkindern noch schwer.

Ausdauer und Zielstrebigkeit

Ohne diese beiden Eigenschaften geht in der Schule eigentlich gar nichts. Zwar kann man Ausdauer trainieren, doch ohne Spaß an der Sache und einem Ziel vor Augen wird Schule von Anfang an zur Qual. Der Indikator zu diesen Faktoren ist schlicht die Vorfreude auf die Schule und eine gehörige Portion Optimismus. Beides sollte man den Kindern nicht durch zu viel Wenn und Aber vergällen. Vielmehr sollte man genau hinschauen: Ist das Kind bereit, sich anzustrengen, um ein Ziel zu erreichen? Kann es sich auch selbst motivieren, wenn etwas nicht auf Anhieb klappt? Und dann wäre da noch die Konzentrationsfähigkeit. Die lässt sich zwar vielfach trainieren, doch nur, wenn das Kind es will.

Die soziale Kompetenz

Wer Regeln nicht versteht und nicht einhält, tut sich in der Schule schwer. Ruhig sitzen bleiben, zuerst zuhören, nicht dazwischen rufen, die anderen ausreden lassen – das alles sind Dinge, die etwas mit sozialer Kompetenz zu tun haben und die im Unterricht unerlässlich sind. Vieles davon kann man zu Hause trainieren, anderes wiederum lernen die Kleinen quasi automatisch im Kindergarten. Manche Kinder haben schon mit fünf Jahren eine so genannte soziale Kompetenz, fügen sich problemlos in

Gruppen ein und finden dort ihren Platz. Andere tun sich schwer damit, finden nicht so leicht Anschluss und Freundschaften. Wichtig ist auch, dass die Selbstsicherheit so weit entwickelt ist, dass das Kind nicht ständig auf die Bestätigung und Zuwendung durch Erwachsene angewiesen ist. Eine Lehrerin oder ein Lehrer, die/der 25 bis 30 Erstklässler vor sich sitzen hat, ist auf die Einhaltung gewisser Regeln angewiesen und hat schlicht nicht die Zeit, die notwendige Zuwendung immer gleichermaßen an alle zu verteilen.

Sich an Spielregeln halten zu können, erleichtert das Zusammenleben.

Geschwisterkinder sind diesbezüglich klar im Vorteil, denn mit je mehr Familienmitgliedern man sich die Aufmerksamkeit der Eltern teilen muss, desto besser trainiert sich die soziale Kompetenz.

Jedes Kind ist anders

Die Jungen und Mädchen, die sich am ersten Schultag zu einer neuen Klasse zusammenfinden, sind sehr verschieden. Selbst dann, wenn sie am gleichen Tag geboren wären, könnte ihr Entwicklungsstand nicht unterschiedlicher sein. Jedes Kind kommt mit unterschiedlichen Talenten und Temperamenten auf die Welt. Nicht alle haben die gleiche Muttersprache oder denselben familiären Hintergrund. Sie haben unterschiedliche Kindergärten besucht und unterschiedliche Erfahrungen gemacht. Die Frage der Schulfähigkeit also allein an den Kompetenzen eines Kindes festzumachen, greift deshalb zu kurz.

Das sind Entscheider – und das sind ihre Rollen

Über die Zukunft der Kinder entscheiden natürlich die Eltern, aber wenn es um die Einschulung geht, dann haben auch andere Institutionen ein Wörtchen mitzureden – zumindest theoretisch. Man sollte sich die Kompetenz anderer durchaus zunutze machen und in Gesprächen so viele Informationen wie möglich sammeln. Um die Situation des eigenen Kindes besser einschätzen zu können, muss man Fragen stellen: an den Kindergarten, an den Kinder- und Jugendarzt und an die Schulleitung der künftigen Grundschule.

Der Kindergarten

Die Zusammenarbeit von Kindertagesstätten und Grundschulen ist noch nicht überall ideal. Noch ist eine strikte Trennung des Elementarbereichs (also der Kindertagesstätten) und des Primärbereichs (also der Grundschule) an der Tagesordnung. Dabei ist eine Absprache und Vernetzung dieser beiden wichtigen Institutionen dringend erforderlich – zum Wohle der Kinder.

Die Zukunft soll anders aussehen: Besonders begabte oder besonders schwache Kinder sollen frühzeitig erkannt und entsprechend gefördert werden. Damit würden die Erzieher(innen) zu

Die Vorschularbeit des Kindergartens soll die Lernlust steigern. noch wichtigeren und kompetenteren Ansprechpartnern, was die Schulfähigkeit von Kindern betrifft.

Auch wenn es diese idealen Verhältnisse noch nicht überall gibt, so bleibt doch das Personal der Kindertagesstätte ein wichtiger Gesprächspartner für Eltern. Die Erzieherin, die das Kind seit Jahren betreut, weiß, wie sich das Kind außerhalb der Familie verhält. Ein Austausch über die Fähigkeiten und Besonderheiten ist also für Eltern sehr aufschlussreich – und wichtig für die Entscheidung zur Einschulung.

Auch was die Vorbereitung der Kinder auf die Schule angeht, gibt es noch große Unterschiede zwischen den Einrichtungen. Leider werden noch nicht überall Vorschulgruppen eingerichtet, in denen die Kinder, die demnächst in die Schule gehen, behutsam an die Unterrichtssituation herangeführt werden.

Fragen, die man an die Kindertagesstätte stellen sollte

- Hat das Kind Freunde? Kann es sich in der Gruppe durchsetzen?
- Kann sich das Kind auf ein Spiel oder eine Aufgabe konzentrieren? Bleibt es am Ball, auch wenn etwas nicht auf Anhieb klappt? Braucht es viel Motivation und Zustimmung?
- Wie geht das Kind mit Sprache um? Spricht es fließend und deutlich?
- Kann sich das Kind an Regeln halten? Ist es in der Lage anderen, jüngeren oder schwächeren, Kindern den Vortritt zu lassen? Ist es bereit, Verantwortung zu übernehmen?
- Führt es angefangene Tätigkeiten zu Ende? Holt es sich Hilfe, wenn es allein nicht weiterkommt? Wie geht es mit Tätigkeiten um, die durch Erwachsene angeleitet werden?

Nicht immer finden Eltern ihr Bild vom eigenen Kind in solchen Gesprächen bestätigt. Es ist vollkommen normal, dass Außenstehende einen etwas anderen Eindruck haben als die Eltern. Auch wenn man darüber vielleicht enttäuscht oder wütend ist, sollte man die vorgebrachten Argumente sorgsam überdenken.

Der Kinder- und Jugendarzt

Die altersgemäße körperliche Entwicklung der Kinder wird hierzulande durch regelmäßige Vorsorgeuntersuchungen überprüft. Rund um den Einschulungsstichtag findet die U 9 mit etwa fünf Jahren statt. Viele Kinder sind von Geburt an beim gleichen Kinder- und Jugendarzt in Behandlung und deshalb kennt er (oder sie) den kleinen Patienten schon seit vielen Jahren. Im

Idealfall kann sich der Arzt dann ein gutes Bild vom Verlauf der körperlichen Entwicklung und dem aktuellen Gesundheitszustand des Kindes machen. Unter Umständen werden auch Defizite frühzeitig erkannt und entsprechende Therapien (z. B. Ergotherapie oder Logopädie) angeregt.

Bei der U 9 werden auch das Seh- und Hörvermögen sowie die sprachlichen Fähigkeiten getestet.

Bei der U 9 geht es einerseits um die körperliche und andererseits um die geistige Entwicklung. Das Kind wird gewogen, seine Körpergröße und sein Kopfumfang wird vermessen, der Blutdruck gemessen. Auch Bewegungsabläufe stehen im Fokus, ebenso wie Geschicklichkeit und Geduld. Die meisten Ärzte nehmen sich für diese Untersuchung viel Zeit, weil sie wissen, wie wichtig ihre Erkenntnisse für oder wider eine Einschulung sein können.

Hält der Kinderarzt eine Einschulung für verfrüht, wird er das den Eltern sagen. Für diesen Fall brauchen die Eltern ohnehin ein Gutachten des Arztes, um damit ihren Antrag auf Rückstellung zu begründen. Andererseits ist seine Einschätzung genauso wichtig, wenn Eltern ihr Kind frühzeitig einschulen wollen.

Fragen, die man dem Kinder- und Jugendarzt stellen sollte

- Ist das Kind körperlich (dem Wachstum entsprechend) schon in der Lage, eingeschult zu werden? Sind Größe und Gewicht altersgemäß?
- Hat das Kind gesundheitliche Einschränkungen, die eine Einschulung erschweren? Welche Unterstützung oder Therapie kann helfen?
- Welche Untersuchungsergebnisse geben Anlass zur Sorge? Kann man korrigierend eingreifen?
- Werden vor der Einschulung zusätzliche Impfungen fällig?
- Welche Sportarten fördern beispielsweise motorische Fähigkeiten? Welche stärken das Selbstbewusstsein? Welche die soziale Kompetenz?

Das Gespräch mit dem Kinder- und Jugendarzt bringt (hoffentlich) keine großen Überraschungen. Doch wer um eine objektive Einschätzung der Einschulungssituation bittet, muss unter Umständen auch mit unangenehmen Wahrheiten rechnen. So wie das subjektive Bild der Eltern von ihrem Kind vielleicht einseitig orientiert ist, so haben auch viele Kinder- und Jugendärzte eine vorgefasste Meinung z. B. zum Thema »früher einschulen«. Zieht man jedoch diese Grundhaltung von der gemachten Empfehlung ab, so ist das Gespräch mit dem Kinderarzt eine äußerst seriöse und informative Entscheidungshilfe.

Die Schule

Die künftige Schule ist meist die Grundschule vor Ort. Wer in größeren Städten lebt, dem wird vom Schulamt eine Grundschule in der Nähe zugewiesen. Entscheiden sich die Eltern von Anfang an für eine Privatschule (siehe dazu S. 33), dann ist die örtliche Nähe nicht immer gegeben.
Öffentliche oder private Schulen bieten Vorschulkindern und Eltern viele Möglichkeiten des Kennenlernens. Gehen Sie gemeinsam mit Ihrem Kind zu Veranstaltungen wie Sommerfesten, Ausstellungen oder zum Tag der offenen Tür. So können Sie sich nicht nur als Eltern einen ersten Eindruck verschaffen, auch die künftigen Schulkinder bekommen eine bildliche Vorstellung von der »Schule«. Das Besichtigen von Klassenräumen, das Spielen auf dem Schulhof – all das vermittelt Kindern einen Eindruck davon, wie der Schulalltag aussehen könnte. Später werden sie sich dann auch leichter dort zurechtfinden.
Bei öffentlichen Veranstaltungen haben natürlich Lehrer und Schulleiter nicht immer ein offenes Ohr für die Anliegen der Eltern und künftigen Schüler.
Manche Schulen haben auch Broschüren oder einen Internetauftritt, sodass man sich vorab informieren kann.

Vereinbaren Sie für konkrete Fragen einen gesonderten Gesprächstermin an der Schule.

Um ein persönliches Gespräch führt allerdings kein Weg herum. Denn: Öffentliche Schule ist nicht gleich öffentliche Schule – und private Schulen verfolgen zumeist noch ganz andere Ziele und pädagogische Ansätze. Deshalb ist natürlich auch die Liste möglicher Fragen entsprechend umfangreich.

Fragen, die man der Schulleitung stellen sollte

- Was muss man über den Schulweg wissen (zu Fuß oder mit dem Schulbus)? Wie sind die Wege gesichert (z. B. durch Schülerlotsen)?
- Welche Unterrichtszeiten sind festgelegt? Gibt es Betreuung für unterrichtsfreie Zeiten? Ist eine Nachmittagsbetreuung (z. B. ein Hort) der Schule angeschlossen? Und was kostet das?
- Nach welchen Kriterien werden die Eingangsklassen zusammengestellt?
- Kann das Kind mit dem besten Freund/der besten Freundin in eine Klasse?
- Wie groß sind die ersten Klassen?
- Welche Vorkenntnisse werden von den ABC-Schützen erwartet?
- Welche Maßnahmen sollen den Erstklässlern den Einstieg in den Schulalltag erleichtern?
- Gibt es an der Schule eine so genannte flexible Einschulungsphase? (vgl. S. 37)
- Welches Lerntempo wird von der Schule vorgegeben?
- Wie wird der Stundenplan aussehen?
- Gibt es Zusatzangebote für beispielsweise lese- oder rechenschwache Schüler?
- Wie ist der Schulhof gestaltet? Wie groß sind die Klassenräume? Gibt es altersgerechte Möbel?
- Haben die Kinder die Möglichkeit, mit unterstützenden Lehrmitteln (z. B. Computern) zu arbeiten?

Pflicht und Kür – alles über Tests und Auswahlkriterien

In die Schule zu kommen ist die normalste Sache von der Welt – denkt man erst mal. Doch so glatt und reibungslos geht es nicht immer. Wenn ein Kind frühzeitig eingeschult werden soll oder wenn die Eltern eine Zurückstellung wünschen, rollt eine kleine Lawine von Tests und Gutachten auf die Vorschulkinder zu. Aber auch, wenn die Einschulung regelgerecht erfolgen soll, werden die Kinder noch einmal genau angesehen.

Der Schulreife-Test

In den letzten Jahren wurden unterschiedliche Testverfahren entwickelt, die der Frage: »Schulfähig oder nicht?« auf die Spur kommen sollen. Ob ein Kind einen solchen Test durchlaufen muss oder soll, entscheidet die Schulleitung der Grundschule. Diese legt auch fest, welche Art von Test angewendet wird. Auch hierbei sind die Regelungen von Bundesland zu Bundesland unterschiedlich. In Bayern z. B. muss ein Kind, das frühzeitig einge- schult werden soll, vom Schulpsychologen begutachtet werden. Davon abgesehen werden hauptsächlich beobachtungsorientierte Testverfahren angewendet. Das sieht dann in etwa so aus: Eine Gruppe von Vorschulkindern wird zu einem Termin (zumeist kurz vor den Sommerferien) in die Schule gebeten. Dann findet eine »Gruppenstunde« statt. Die Lehrer und/oder Schulpsycho- logen, die die Gruppe leiten, stellen unterschiedliche Aufgaben und machen Spiele, bei denen sie die Kinder beobachten. Sie achten dabei auf Wahrnehmung, Denkfähigkeit und Motorik, den Umgang mit Mengen, das Vorwissen und die Leistungs- motivation. Zudem wollen sie mehr über das Arbeitsverhalten und die Sprachkenntnisse erfahren.
Über die Aussagekraft solcher Gruppentest lässt sich strei- ten, aber ein Kind, das in sich gekehrt wirkt, zudem unter

Auch soziale Kompe- tenz und emotionale Reife stehen auf dem Prüfstand.

Trennungsschmerz leidet und sich nicht zu Wort meldet und/ oder nicht antwortet, wenn es gefragt wird, hat eher schlechte Karten. Die Testergebnisse stellen natürlich immer nur eine Momentaufnahme dar, die für den Zeitpunkt X durchaus Aussagekraft besitzt. Als Prognosen über die künftige Schullaufbahn taugen sie wenig. Nicht übersehen darf man auch, dass manche Kinder durch die ungewohnte Testsituation verunsichert sind. Bei begründeten Zweifeln an der Schulfähigkeit wird das Kind dann entweder noch nicht eingeschult, zurückgestellt oder es werden besondere Fördermaßnahmen veranlasst.

Die Einschulungsuntersuchung

Alle Kinder, die eingeschult werden sollen, müssen eine Einschulungsuntersuchung absolvieren. Wann und in welchem Umfang das geschieht, ist wiederum in den Bundesländern unterschiedlich geregelt. In den meisten Fällen findet die Untersuchung durch einen Schularzt in der Schule statt, manchmal kommt der Schularzt auch in den Kindergarten. Sinn und Zweck der Untersuchung ist es, abzuklären, ob ein Kind den Anforderungen der Schule gewachsen ist. Neben Größe und Gewicht achtet der Arzt auf Haltungsschäden, prüft Seh- und Hörvermögen und testet die Feinmotorik. Weiterhin werden Koordinationsfähigkeit, Raumwahrnehmung und Gleichgewichtssinn untersucht. In einem Gespräch mit dem Kind werden die sprachlichen Fähigkeiten getestet.

Übrigens: Die Ergebnisse der schulärztlichen Untersuchung unterliegen der Schweigepflicht. Die Lehrer erfahren davon nichts.

In den meisten Bundesländern ist die schulärztliche Untersuchung Pflicht, falls nicht, sollten Sie trotzdem mit Ihrem Kind einen entsprechenden Termin beim Kinderarzt vereinbaren. Mitbringen muss man zu dieser Untersuchung das gelbe Vorsorgeheft und den Impfausweis des Kindes.

Die staatliche Grundschule: Was hat sie zu bieten?

Die Grundschule ist die erste Schule, die alle Kinder besuchen. In dieser Hinsicht ist sie auch eine ganz wichtige Schule, weil sie für den ersten Eindruck vom Schulleben so maßgeblich ist. Getreu dem Motto »Grundbildung für alle« werden bei der Aufnahme auch keine besonderen Auswahlkriterien, abgesehen vom Alter, zugrunde gelegt. Grundschule ist ein Muss – und in der Regel haben Eltern bei der Schulwahl wenige Möglichkeiten. Jede Grundschule hat ein festes Einzugsgebiet, der Schulweg soll für die Kinder allein (zu Fuß oder mit dem Schulbus) zu bewältigen sein. Mit der Einschulung wird also jedem Kind, gemäß seinem Wohnort, eine Schule zugewiesen. Doch was ist, wenn man mit diesem Vorschlag nicht zufrieden ist? Die freie Schulwahl ist hierzulande begrenzt. Man kann zwar einen Wechsel der Grundschule beantragen, muss dafür aber triftige Gründe anführen, z. B. dass eine andere Grundschule näher am Arbeitsplatz der Eltern liegt, oder die Großeltern, die das Kind nachmittags betreuen, anderswo wohnen. Ansprechpartner ist das Schulamt, es sei denn, man entschließt sich für eine private Grundschule (vgl. unten).

Der Grundstein für eine solide Bildung wird in der Grundschule gelegt.

Einige Bundesländer, unter anderem Nordrhein-Westfalen und Baden-Württemberg, testen seit dem Schuljahr 2008/2009 die freie Schulwahl schon zur Grundschulzeit. Dabei haben die Eltern die freie Wahl der Grundschule und müssen sich nicht an die Vorgaben des Schulamtes halten. Voraussetzung ist allerdings, dass man einen Platz an der gewünschten Grundschule bekommt. Noch ist es zu früh, über Erfolg oder Misserfolg dieser Initiative nachzudenken. Beim ersten Schulstart nach diesen neuen Vorgaben gab es allerdings keine großen Verschiebungen – und in der Folge kam es auch nicht zu überfüllten, weil besonders beliebten, Grundschulklassenzimmern. Langfristig wird sich zeigen, ob die freie Schulwahl eine Alternative zum bisherigen Verfahren darstellt.
Da die staatliche Grundschule eine Schule für alle ist, ergeben sich daraus spezifische Probleme. Je nach Einzugsgebiet gibt es

große oder kleine Klassen, einen hohen Ausländeranteil oder große soziale Unterschiede. Objektiv betrachtet, wäre das gar nicht so problematisch, denn dass nicht alle Menschen gleich sind, ist eine wichtige Erfahrung, die Kinder in der Grundschule machen können. Doch seit PISA sind die Eltern kritisch und wollen noch mal mehr nur das Beste für ihr Kind.

Die Grundschule als erste Schulstufe ist nicht einmal 100 Jahre alt, vorher gab es die Volksschule mit acht Jahrgangsstufen. Um gleiche Chancen für alle Kinder zu gewährleisten, wurde die Grundschule eingerichtet. Nach vier Jahren in diesem System fällt dann die Entscheidung über die weitere Schullaufbahn. Deshalb ist die vorrangige Aufgabe der Grundschule – neben der Vermittlung von grundlegender Bildung – auch die Auslese. Vielen Eltern ist das zunächst nicht bewusst, doch spätestens wenn die dritte Klasse erreicht ist, weht durch die Klassenzimmer der Grundschule ein anderer Wind. Der Übertritt in eine weiterführende Schulform wird zum zentralen Thema.

Stichwort: Ganztagsschule

In den meisten europäischen Ländern ist die Ganztagsschule normal, nur hierzulande sträubt man sich noch heftig dagegen. Schon längst ist erwiesen, dass ein ganztägiger Schulbetrieb nicht schadet und dass insbesondere Kinder aus sozial schwachen Familien davon nur profitieren. Tatsache ist, in Deutschland gibt es definitiv zu wenige solcher Angebote. Per Definition der Kultusministerkonferenz sind das Schulen, die ...

Nur rund 15 Prozent der Grundschulen sind Ganztagsschulen.

- mindestens an drei Tagen in der Woche mindestens sieben Zeitstunden Unterricht und Freizeitangebot anbieten.
- Mittagessen an allen Schultagen anbieten.
- das nachmittägliche Angebot unter Aufsicht und Kontrolle der Schulleitung anbieten.

Man unterscheidet des Weiteren offene und gebundene Ganztagsschulen. Bei den offenen Ganztagsschulen ist die Teilnahme an den Nachmittagsangeboten freiwillig, bei den anderen Pflicht.

Betreuungsangebote am Nachmittag

Berufstätige Eltern müssen sich, wenn ihr Kind in die Grundschule kommt, zusätzlich um eine Betreuung für den Nachmittag kümmern. Oft sind es private Initiativen oder verwandtschaftliche Beziehungen, die diese Zeitspanne kompensieren. Wenn nicht, muss eine professionelle Alternative her – und die kostet Geld.
Nur ein Tropfen auf den heißen Stein sind Angebote der Mittagsbetreuung. Diese bieten eine gesicherte Betreuung der Kinder nach Schulschluss, bis maximal 14 Uhr. Damit lässt sich dann zumindest ein Halbtagsjob vereinbaren. Die Alternative ist der Hort. Auch dieser beginnt mit dem Ende des Unterrichts und endet zumeist zwischen 16 und 17 Uhr. Bei beiden Angeboten gibt es ein Mittagessen und Hausaufgabenbetreuung, beim Hort sind auch noch andere Freizeitaktivitäten möglich. Einige Horte bieten auch ein Ferienprogramm an. Denn das ist gleich das nächste Problem: Wie lassen sich mindestens 10 Wochen Ferien pro Jahr mit den Urlaubstagen eines normalen Arbeitnehmers vereinbaren?

Alternative Schulformen

Als Alternative zu den staatlichen Grundschulen gibt es mittlerweile immer mehr private Grundschulen. Zu den eingeführten privaten Grundschulen gehören die Waldorfschulen und Reformschulen wie z. B. Montessorischulen. Dort muss für den Unterricht bezahlt werden. Diese Schulen verfolgen einen anderen pädagogischen Ansatz – und damit muss man als Eltern einverstanden sein. Auch kirchliche Träger sind auf dem Gebiet der Privatschulen aktiv, bieten aber wie die staatlichen Schulen kostenlosen Unterricht an.

In der Regel garantieren private Schulen kleine Klassen und individuelle Förderung. Zwei Tatsachen, die sich immer mehr Eltern monatlich etwas kosten lassen. Wichtig ist es, sich vorab genau (auch über die pädagogischen Ansätze) zu informieren.

Staatlich anerkannt oder staatlich genehmigt?

Wer Alternativen zur staatlichen Grundschule sucht, sollte sich ausführlich informieren. Eine mögliche Anlaufstelle ist das Schulamt. Aber natürlich sollte man sich auch bei den Schulen direkt informieren und den Kontakt zu Eltern suchen, deren Kinder diese Schule bereits besuchen. Wichtig ist es insbesondere bei der privaten Grundschule, dass sie staatlich anerkannt ist.

Bei weiterführenden Privatschulen gibt es auch so genannte »staatlich genehmigte« Bildungseinrichtungen. Dann jedoch müssen alle Prüfungen (Mittlere Reife oder Abitur) »extern« absolviert werden. Was bedeutet, dass die Prüfungen von einer anderen, staatlichen Schule abgenommen werden müssen.

Früh einschulen: Fördern oder überfordern?

Wann ist ein Kann-Kind wirklich reif für die Schule?

Vorzeitig einschulen? Kinder, die vor dem Einschulungstermin geboren wurden, können im neuen Schuljahr eingeschult werden – müssen aber nicht. Die Entscheidung darüber liegt bei den Eltern und die sind oft genug hin- und hergerissen zwischen Stolz auf die frühen Leistungen der Kleinen und Sorge, ob man sie nicht doch damit überfordert. So genannte »Kann-Kinder« sind all jene, die nach dem Einschulungsstichtag sechs Jahre alt

werden. Diese Stichtage variieren von Bundesland zu Bundesland, liegen jedoch zumeist beim 30.06. des jeweiligen Jahres.

Was heute von Grundschülern erwartet wird

Oberflächlich betrachtet sind die Anforderungen gar nicht so
hoch. Ein Schulanfänger sollte Folgendes können:
- Eine Stunde lang stillsitzen
- Sich ohne Probleme auch für mehrere Stunden von den
  Eltern trennen
- Sich komplett an- und ausziehen und allein zur Toilette gehen
- Sich gut konzentrieren
- Fehlerfrei sprechen
- Enttäuschungen aushalten
- Eigene Wünsche zurückstellen
- Eine kleine Geschichte korrekt nacherzählen
- Einfache Formen, Buchstaben und Zahlen nachmalen
- Einfach Dinge basteln, mit Schere und Klebstoff umgehen

Das alles können Kann-Kinder in der Regel schon, denn die
intellektuellen Leistungen stellen kein Problem dar, sondern
vielmehr die soziale Kompetenz. Wie schwierig es ist, sich als
Jüngste(r) in einer Klasse von 25 bis 30 Älteren zu behaupten
und durchzusetzen, kann man sich auch als Erwachsener gut
vorstellen. Dazu braucht man viel Selbstsicherheit und Ausge-
glichenheit. Spätestens in der dritten Klasse jedoch beginnt
der Leistungsdruck, dem oft die jüngeren Kinder noch nicht
gewachsen sind. Untersuchungen beweisen, dass zwar jüngere
Kinder die ihnen gestellten Aufgaben ebenso gut und gewissenhaft erledigen wie die Älteren, doch sie brauchen dafür mehr
Zeit. Wenn die Älteren zwischen zwei Anforderungen eine kurze
Verschnaufpause haben, fehlt diese Zeit den Jüngeren – und
deshalb wird Schule sehr anstrengend für sie.

Sitzen bleiben vorprogrammiert?

Ein Kind, das bei der Einschulung seelisch stabil ist, wird sich die gesamte Schulzeit über leichter tun – das sagen zumindest statistische Erhebungen. Ob und inwieweit sich diese Erkenntnisse auf das einzelne Kind und auf die individuelle Situation übertragen lassen, ist aber fraglich. Jedoch sind Pädagogen und Psychologen verbreitet der Ansicht, dass jüngere Kinder in einer Jahrgangsstufe weniger gut mitkommen und entsprechend häufiger sitzen bleiben. Das wollen Eltern ihrem Kind natürlich ersparen. Andererseits gilt, dass die Kinder ein Jahr früher mit der Schule fertig sind, wenn sie glatt durchlaufen.

Je früher Kinder in der Schule scheitern, desto negativer sind sie der Schule gegenüber generell eingestellt.

Vorschule in der Schule: leider (noch) die Ausnahme

Ideal wäre es, wenn sich das Schulsystem der immer früheren Einschulung anpassen würde. Tut es aber bislang nicht. Anstatt veraltete Lehrpläne von überflüssigem Wissen zu befreien, wird der Lernstoff nur komprimiert auf eine immer kürzere Schulzeit neu verteilt, wie das Beispiel Bayern und das dort seit einigen Jahren praktizierte achtstufige Gymnasium zeigt.

Eine frühere Einschulung verfolgt generell das Ziel, dass die Kinder die Schule schneller durchlaufen, früher einen Ausbildungs- oder Studienplatz finden und entsprechend jünger in den Arbeitsmarkt eintreten. Das ist langfristig notwendig, um die Konkurrenzfähigkeit auf dem internationalen Markt zu erhalten. Überall in Europa und Amerika besuchen Kinder schon mit vier oder fünf Jahren die Vorschule. Man muss sich darunter eine Art »Kindergarten-Klasse« in der Schule vorstellen. Dabei werden die Kinder langsam an den Schulalltag herangeführt und ganz individuell gefördert. Hierzulande ist man leider noch nicht so weit.

Flexible Einschulungsphase

Einige Bundesländer testen seit einiger Zeit so genannte »flexible Einschulungsphasen«. Dabei werden noch nicht schulfähige Kinder in Vorschulklassen oder Schulkindergärten zusammengefasst und auf das Schulleben vorbereitet. In Sachsen-Anhalt werden die beiden ersten Schulstufen in einer flexiblen Eingangsphase zusammengefasst. Je nach Schulfähigkeit und Leistungsbereitschaft bleiben die Kinder in dieser Stufe ein, zwei oder drei Jahre und kommen danach in die 3. Klasse. In Hessen z. B. probiert man eine Vorschulklasse aus, die der Grundschule angegliedert ist. So können sich die großen Kindergartenkinder im Laufe eines Schuljahres an die neue Umgebung und an die Klassengemeinschaft gewöhnen, ohne den Leistungsanforderungen ausgesetzt zu sein.

Später einschulen: Ein Stück Kindheit bewahren?

Wenn es mit der Einschulung nicht klappt, sind die Eltern oft enttäuschter als das Kind. Da das Einschulungsalter immer weiter heruntergesetzt wird, sind nicht alle Kinder, die zum Stichtag geboren wurden, schon schulfähig. Durchschnittlich sind das rund 14 Prozent aller Vorschulkinder bundesweit. Viele Eltern sehen das als Manko, aber manchmal ist es auch eine Chance. Wer nicht zu früh eingeschult wird, der hat nämlich noch Zeit und Ruhe eventuelle Entwicklungsschritte in Ruhe zu absolvieren – und sich damit ein Stück Kindheit zu bewahren. Schlussendlich ist es aber zumeist eine ideologische Frage, die übers frühe oder späte Einschulen entscheidet. Und manchmal haben Kinder auch einfach noch keine Lust auf Schule.

Fühlt sich ein Kind vom Schulalltag überfordert, verliert es schnell die Lust am Lernen.

Keinen »Bock auf Schule«?

Es gibt Kinder, die sehnen den ersten Schultag herbei, wie die Bescherung an Heiligabend. Andere wiederum ziehen mit der Schultüte und muffeligem Gesicht in die Grundschule ein. Wenn Kinder sich nicht auf die Schule freuen, dann kriegen Eltern schnell Panik. Doch Experten wissen, dass die Vorfreude kein Indiz für einen erfolgreichen Schulstart bzw. für eine entsprechende Schulkarriere ist. Wichtig ist, dass Eltern von kleinen Schulverweigerern versuchen, möglichst gelassen mit der Situation umzugehen. Es nutzt wenig, den Kleinen die Schule mit allen möglichen Versprechungen schmackhaft zu machen. Besser ist es, dem Kind zu erklären, was es in der Schule erwartet und gemeinsam zu überlegen, welche Aspekte dem künftigen Schulkind wohl am besten gefallen werden. Versuchen Sie dem Ganzen nicht zu viel Gewicht zu geben, dann lassen sich kindliche Vorbehalte am besten ausräumen.

Wirklich zurückstellen?

Soll ein Kind zurückgestellt werden – ob auf Wunsch der Eltern oder von Seiten der Schule –, dann sollte es dafür reale Gründe geben. Weder die Wunschvorstellungen der Eltern noch die Wünsche der Kinder dürfen dabei eine Rolle spielen. Wenn Kindergarten und/ oder Schule der Meinung sind, dass es für eine Einschulung noch zu früh ist, sollte man die vorgebrachten Argumente gewissenhaft prüfen. Vielleicht sieht man das Kind ja nur mit geschöntem Blick und die Experten haben recht mit ihrem Ansinnen?

Ein verlorenes Jahr ist die »Ehrenrunde« im Kindergarten nicht.

Das »gewonnene« Jahr gibt dem Kind die Ruhe und die Zeit, Fähigkeiten auszubilden und mehr emotionale Stabilität zu gewinnen. Beides ist von unschätzbarem Wert für die Zukunft. Hüten sollte man sich allerdings davor, die Einschulung in ein schlechtes Licht zu stellen. Das erweist sich dann ein Jahr später unter Umständen als Bumerang.

Sinnvoll ist es auch, das Jahr zu nutzen, um Defizite auszugleichen und Fördermöglichkeiten anzunehmen. Ist das Kind selbst recht enttäuscht darüber, dass es noch nicht in die Schule darf, sollten alternative Freizeitangebote die Lust am Kindergartenalltag fördern. Bieten Sie Reitstunden an oder lassen Sie Ihr Kind Musikunterricht nehmen!

Je eher die Entscheidung zur Zurückstellung fällt, desto besser. So kann man im Kindergarten große Langeweile vermeiden und den Status des Vorschulkindes länger erhalten. Natürlich muss man den Kindergarten jetzt etwas attraktiver machen, als er vielleicht bislang war. Erkundigen Sie sich unter Umständen nach zusätzlichen Vorschulprogrammen, die zur Vorbereitung auf die Schule angeboten werden.

Gezielt fördern

Manchmal ist eine gezielte Förderung notwendig, um ein Kind zur Schulfähigkeit zu führen. Logopädie oder Ergotherapie können vom Kinderarzt verordnet werden, falls dieses notwendig ist. Ansonsten hilft es oft auch schon sehr, wenn sich die Eltern intensiv mit ihrem Kind beschäftigen – und zwar abseits der Investitionen in Vorschulübungshefte. Der geschickte Umgang mit Stift und Schere kann auch anders attraktiv gestaltet werden. Lassen Sie Ihr Kind z. B. Gurke fürs Abendessen schnipseln, die Wurst auf einem Teller arrangieren oder (etwas gröber) eine Laubsägearbeit machen. Oder fördern Sie die soziale Kompetenz durch eine Mitgliedschaft in einem Sportverein. Und ganz wichtig: Sprechen Sie mit Ihrem Kind! Sprechen ist die Schlüsselqualifikation für die Schule. Dazu gehören auch: zuhören und

Integrieren Sie die Förderung in den Alltag!

vorlesen. Setzen Sie auf Bücher, anstatt Ihr Kind vor den Fernseher. Und wenn Ihr Kind Sie etwas fragt, antworten Sie nicht nur mit »Ja« oder »Nein«, sondern in ganzen Sätzen.

Wie Eltern ihr Kind auf die Schule vorbereiten können

Die meisten Aspekte der Schulfähigkeit kann man trainieren.

Vom Kindergartenkind zum Schulkind ist es nur ein winzig kleiner Schritt – so scheint es. Doch bevor die Schultüte gepackt wird, sollte das Kind schon mal Eigenständigkeit üben. Dabei können Eltern helfen:

1. Selbstständig werden

In der Schule wird künftig vor allem eines verlangt: Selbstständigkeit. Schicken Sie Ihr Kind allein in den Laden um die Ecke oder zum Bäcker, um eine Kleinigkeit zu besorgen. Lassen Sie Ihr Kind bei einem Freund oder einer Freundin übernachten. Selbstständiges Handeln, ohne dass die Eltern in Reichweite sind, wird auch von einem Schulkind tagtäglich gefordert und ist von Kindergartenkindern im letzten Jahr auch nicht zu viel verlangt.

2. Geduld lernen

Wer in die Schule gehen soll, muss frühzeitig lernen, sich in Geduld zu üben. Gerade für noch junge Schulanfänger ist das ziemlich schwierig. Doch sich in Geduld zu fassen, kann man üben. Muten Sie Ihrem Kind immer wieder kleinere Wartezeiten zu. Warten, bis man an der Reihe ist, muss man fast überall – beim Bäcker, an der Wursttheke, in der Post und an der Supermarktkasse. Geduld ist also Übungssache – und in der Schule geht es nicht ohne: Warten, bis man aufgerufen wird, warten, bis die Pausenklingel läutet. Und auch aufpassen und dem (manchmal langweiligen) Unterricht folgen, ist Geduldsache.

3. Stillsitzen können

Allen Schulanfängern fällt es zunächst schwer, still auf dem Stuhl zu sitzen, ohne herumzuzappeln. Kinder müssen daher lernen, ihren Bewegungsdrang (ansonsten ja eine gute Sache) beherrschen zu lernen. Trainieren lässt sich das Stillsitzen am besten durch Beschäftigungen, die eben nur so erledigt werden können. Also: malen, basteln, kneten, ausschneiden, puzzeln, Perlen auffädeln usw.

4. Leistungsbereitschaft fördern

Wer nur seine eigenen Interessen verfolgt, hat es in der Schule schwer. Dort muss man nämlich dem Unterricht folgen, auch wenn es einem gerade so gar keinen Spaß macht. Gewöhnen Sie Ihr Kind daran, kleine Aufgaben zu übernehmen – und zwar regelmäßig. Das kann z. B. sein: den Tisch decken (oder abräumen), das Haustier füttern, den Müll rausbringen.

5. Mit Misserfolgen umgehen lernen

Kinder sehen sich gern als Mittelpunkt des Universums an. Zwar legt sich diese egoistische Weltsicht im Laufe der Jahre, doch manche Kinder lassen nur ungern davon ab. Es ist daher ungemein wichtig, zu lernen mit Misserfolgen umzugehen – und zwar bevor die Schule losgeht.

Gesellschaftsspiele, bei denen man auch verlieren kann, sind eine gute Übung für diesen Umgang mit Misserfolgen. Ganz wichtig: Wer einmal verliert, darf nicht gleich aufgeben. Das ist die Fähigkeit, die in einem Schülerleben wirklich zählt: Niemals entmutigen lassen!

Mal gewinnt man im Leben, mal verliert man.

6. Gefühle ausdrücken

Damit haben selbst wir Erwachsenen unsere Probleme. Und deshalb sollten wir es vielleicht zuerst einmal selbst versuchen, ehe wir es den Kindern beibringen können. Sprechen Sie es also aus: »Heute war ein schrecklicher (schöner) Tag. Ich habe dies oder

Es ist wichtig für Sie zu wissen, wie es Ihrem Kind in der Schule geht.

das gemacht, und nichts davon hat funktioniert (oder alles hat geklappt). Deshalb bin ich jetzt traurig (oder so gut gelaunt).« Es ist wichtig, dass Sie schon im Vorschulalter eine offene und vertrauensvolle Kommunikationsbasis zu Ihrem Kind schaffen. Das geht am besten, wenn man das Kind stets in seinen Stimmungslagen ernst nimmt und es auffordert, zu sagen, was es fühlt.

7. Zu Ende bringen, was man angefangen hat

Gibt Ihr Kind schnell auf, wenn etwas langweilig oder anstrengend wird? Dann sollten Sie mit ihm ganz dringend sein Durchhaltevermögen trainieren. Zum Beispiel so: Übertragen Sie dem Kind erst eine leichte Aufgabe und steigern Sie ganz allmählich die Anforderungen. Wenn Sie merken, dass das Kind die Lust daran verliert, helfen Sie ihm und bieten Sie Unterstützung an.

8. Geschicklichkeit fördern

Fördern Sie die Feinmotorik ganz gezielt, z. B. durch Ausschneiden, Malen und Zeichnen. Lassen Sie Ihr Kind öfter mal feinere Stifte benutzen. Diese brechen ab, wenn man zu fest aufdrückt. Dadurch lernt das Kind aber, seinen Druck zu kontrollieren. Achten Sie auch beim Malen auf eine korrekte Stifthaltung! Eine falsche Stiftführung – z. B. mit der Faust – lässt sich nur schwer wieder abgewöhnen.

9. Schulweg vorbereiten

Beginnen Sie nicht erst einige Wochen vor dem Schulbeginn mit der Verkehrserziehung, denn dann sind die Schulanfänger bereits zu aufgeregt und angespannt. Je früher man mit dem richtigen Verhalten im Straßenverkehr anfängt, desto souveräner gehen Kinder später damit um.

10. Vorfreude steigern

Überraschen Sie Ihr Kind öfter mal mit einer Kleinigkeit für den Schulalltag: einige Stifte, einen Spitzer, eine Pausenbrot-Box …

Sorgen Sie dafür, dass das Thema »Schule« mit positiver Erwartungshaltung erfüllt ist. Denn schließlich soll Schule Spaß machen – und der graue Alltag zieht noch früh genug ein.

Test: Motorik

Grobmotorik oder Feinmotorik – für einen erfolgreichen Schulstart brauchen Kinder beides. Ob ein Schulanfänger geschickt oder tollpatschig, ausdauernd oder schnell entmutigt ist, sagt viel darüber aus, wie er in der Schule mithalten kann. Testen Sie die motorischen Fähigkeiten Ihres Kindes!
So wird's gemacht: Lesen Sie die folgenden Aussagen durch und überlegen Sie, welchen Sie zustimmen können. Für: »Trifft zu« gibt es zwei Punkte, für »trifft teilweise zu« gibt es einen Punkt, für »trifft nicht zu« gibt es keinen Punkt. Die Auswertung finden Sie jeweils am Schluss der Tests.

Grobmotorik

Aussage	Trifft zu	Trifft teilweise zu	Trifft nicht zu
Unser Kind kann gut balancieren (zum Beispiel auf einem Baumstamm).			
Es kann länger als 15 Sek. auf einem Bein stehen.			
Unser Kind kann einen großen Ball gut werfen und sicher fangen.			
Bewegungsabläufe beim Tanzen oder Turnen ahmt das Kind schnell nach.			

Aussage	Trifft zu	Trifft teil- weise zu	Trifft nicht zu
Es fällt unserem Kind leicht, mehr als 15 Min. still zu sitzen.			
Unser Kind kann drei Meter rückwärtsgehen, ohne Korrekturen vornehmen zu müssen.			
Purzelbaum schlagen oder um die eigene Achse drehen, ist für unser Kind kein Problem.			
Unser Kind kann mit beiden Beinen zugleich springen, z. B. über ein Kissen.			
Unser Kind kann Rad fahren.			
Kein Klettergerüst ist vor unserem Kind sicher.			
Wie viele Kreuzchen haben Sie gemacht?	x 2	x 1	x 0

Feinmotorik

Aussage	Trifft zu	Trifft teil- weise zu	Trifft nicht zu
Unser Kind kann gut auch kleine Motive und Verzierungen malen.			
Es kann gut mit Schere und Klebstoff umgehen.			

Aussage	Trifft zu	Trifft teil-weise zu	Trifft nicht zu
Einfache Formen, z. B. ein Dreieck, kann es frei nach-zeichnen.			
Beim Mikado bekommt unser Kind viele Stäbchen frei.			
Beim Formen mit Knetmasse achtet unser Kind auf Details (Augen/Ohren) und versucht, diese zu modellieren.			
Alleine an- und ausziehen klappt sehr gut.			
Unser Kind hält den Stift richtig.			
Es kann flüssig Wellen und Schleifen nachmalen.			
Unser Kind malt Figuren (z. B. einen Kreis) sauber aus.			
Unsere Tochter fädelt ge-schickt Perlen auf./ Unser Sohn kann mit dem Hammer einen Nagel ins Brett schlagen.			
Wie viele Kreuzchen haben Sie gemacht?	x 2	x 1	x 0

Auswertung: Addieren Sie die Ergebnisse beider Tests!
Maximal können 40 Punkte erreicht werden, die beiden Einzel-ergebnisse sollten keine zu große Differenz aufweisen!

Unter 15 Punkten

Die abgefragten
Fähigkeiten sollten
bei der Einschulung
gut ausgeprägt sein.

Offensichtlich ist Ihr Kind noch nicht so weit. Grob- und Feinmotorik entwickeln sich mit der Zeit, aber mit einer Einschulung ist Ihr Kind vielleicht im Moment noch überfordert. Wenn Ihr Kind fünf Jahre alt ist, sollten Sie überlegen, ob Sie ihm noch ein Jahr im Kindergarten gönnen, um seine Fähigkeiten voll zu entwickeln. Fördern Sie seine grobmotorischen Fähigkeiten durch Bewegungsspiele. Die Feinmotorik unterstützen Sie beispielsweise, indem Sie das Kind öfter mal einen Knoten lösen lassen.

Zwischen 16 und 29 Punkten

Die wichtigsten motorischen Grundfertigkeiten beherrscht Ihr Kind bereits, aber ein wenig »Nachhilfe« kann nicht schaden. Orientieren Sie sich an den Aussagen aus dem Test und üben Sie mit dem Kind das, was es noch nicht so gut kann. Wichtig: Es sollte Spaß machen. Orientiert sich das Testergebnis am oberen Wert, sind wahrscheinlich gar keine weiteren Fördermaßnahmen notwendig. Einer Einschulung steht sicher nichts im Wege.

Über 30 Punkte

Mit solchen Ergebnissen dürfte es bei der Einschulung keine Probleme geben, denn Ihr Kind bringt gute motorische Fähigkeiten mit. Woran es noch hapert, das entwickelt sich von ganz allein.

Test: Soziales Verhalten/Sprache

Sprache ist das hervorragende Mittel der Verständigung – und wer sich nicht mit Worten mitteilen kann, sucht sich andere Wege der Kommunikation. Wenn ein Kind eingeschult werden soll, muss es mit Sprache umgehen können. Sie ist auch die Basis für soziales Verhalten. Auffälliges Sozialverhalten geht oft mit einer gestörten Sprachentwicklung einher – deshalb gehört beides zusammen.

Sprache

Aussage	Trifft zu	Trifft teilweise zu	Trifft nicht zu
Unser Kind spricht die meisten Wörter deutlich und korrekt aus.			
Unser Kind spricht auch mit fremden Menschen.			
Es kann kurze Geschichten verständlich wiedergeben.			
Unser Kind kann einfache Worte mündlich in Silben gliedern, z. B. Au-to-bus.			
Es schreibt seinen Namen und einfache Wörter, z. B. Mama.			
Es hört einzelne Buchstaben aus Worten heraus, z. B. das »s« bei Susi.			
Es hat Interesse an Buchstaben.			
Unser Kind interessiert sich für Bücher und lässt sich gern vorlesen.			
Unser Kind kann seine Bedürfnisse (z. B. »Ich habe Durst!«) auch anderen Menschen mitteilen.			
Es versteht Anweisungen von anderen Menschen und befolgt sie richtig.			
Wie viele Kreuzchen haben Sie gemacht?	x 2	x 1	x 0

Auswertung (maximal 20 Punkte):

Unter 10 Punkten

Für die Schule braucht man Sprachkompetenz. Am Umgang mit Sprache hat Ihr Kind noch wenig Interesse, deshalb wäre es für eine Einschulung noch zu früh. Sprechen Sie deshalb mehr mit Ihrem Kind, lesen Sie vor und animieren Sie es, von sich zu sprechen. Je nachdem wie niedrig der Wert ist, sprechen Sie mit dem Kinder- und Jugendarzt darüber.

11 bis 15 Punkte

Das Interesse an Sprache ist da, aber noch zu schwach ausgebildet. Setzen Sie bei den Aussagen an, die Sie als zutreffend angekreuzt haben. Wenn Ihr Kind gern Geschichten hört, lesen Sie mehr vor. Wenn es gerne mehr Wörter schreiben will, helfen Sie ihm dabei. Alle Aussagen des Tests lassen sich ganz gut in ein kleines Förderprogramm für »mundfaule« Schulanfänger umbauen.

Mehr als 16 Punkte

Auf den Mund gefallen ist Ihr Kind wahrscheinlich nicht – und auch schon ganz begierig darauf, in die Schule zu kommen. Von der Sprachkompetenz her jedenfalls steht dem Vorhaben »Einschulung« nichts im Wege.

Soziales Verhalten

Aussage	Trifft zu	Trifft teil-weise zu	Trifft nicht zu
Unser Kind kann sich an Spielregeln halten.			
Unser Kind akzeptiert die Regeln im Kindergarten.			

Aussage	Trifft zu	Trifft teilweise zu	Trifft nicht zu
Es kann – z.B. bei Brettspielen – auch mit Niederlagen umgehen.			
Es beschäftigt sich länger als 30 Min. selbstständig.			
Unser Kind hat kein Problem damit, mehrere Stunden ohne Eltern in einer anderen Umgebung zu sein.			
Es kann sich in eine Gruppe einfügen und findet schnell Anschluss.			
Es registriert andere Kinder und wendet sich ihnen zu, wenn sie Hilfe brauchen. (z.B. »Tom hat sich wehgetan, ich muss ihn trösten.«)			
Unser Kind hält Konflikte aus, z.B. wenn ihm ein Wunsch nicht prompt erfüllt wird.			
Es traut sich, andere um Hilfe zu bitten, wenn es etwas braucht.			
Unser Kind freut sich auf die Schule.			
Wie viele Kreuzchen haben Sie gemacht?	x 2	x 1	x 0

Auswertung (maximal 20 Punkte):

Unter 10 Punkten
Ihr Kind ist wahrscheinlich noch sehr kindlich – und das ist auch in Ordnung so. Sein soziales Verhalten dürfte allerdings fürs Durchsetzen auf dem Pausenhof und im Klassenzimmer nicht ausreichen. Wahrscheinlich mangelt es auch noch an Selbstvertrauen (z. B. im Umgang mit fremden Erwachsenen), das erst noch aufgebaut werden muss. Dazu gibt es tagtäglich Gelegenheit – auf dem Spielplatz, im Sportverein, im Supermarkt …

Zwischen 11 und 15 Punkten
Das soziale Verhalten ist noch nicht gut ausgeprägt, aber in einigen Rubriken konnte Ihr Kind schon punkten. Jetzt hilft nur noch üben, üben, üben … Z. B.: Konzentration oder alleine bleiben, dabei können Eltern helfen, wenn auch sie loslassen lernen. Ist ein Kind »nur« schüchtern, so lässt sich das natürlich nicht »wegtrainieren«.

Mehr als 16 Punkte
Ihr Kind zeigt das soziale Verhalten, das auch im Schulalltag gefragt ist.

Test: Logik/Kreativität

Kreativität = die Macht der Fantasie.

Logisches Denken und Kreativität gehören, so unterschiedlich sie auch sind, untrennbar zusammen. Wie die zwei Seiten einer Medaille sind diese zwei wichtigen Fähigkeiten notwendig, um in der Schule voranzukommen. Die natürliche Neugier und den unermüdlichen Forscherdrang sollte man sich zu Nutze machen. Finden Sie heraus, wie viel Potential Ihr Kind besitzt!
Und apropos Kreativität: Das hat nichts mit nur »schön malen können« zu tun. Im Gegenteil, die Hirnforschung versteht die

Kreativität als besonderen Bereich der Intelligenz, der zur Gestaltung des ganzen Lebens beiträgt.

Logisches Denken

Aussage	Trifft zu	Trifft teil- weise zu	Trifft nicht zu
Unser Kind stellt viele Fragen.			
Es besucht gerne Museen und Ausstellungen.			
Unser Kind will wissen, wie und warum Dinge (Maschinen, Abläufe usw.) funktionieren.			
Es stellt Fragen zu scheinbar selbstverständlichen Naturereignissen (z. B. »Warum ist Schnee kalt?«)			
Unser Kind spielt gerne Spiele, bei denen es nicht auf Glück ankommt, sondern auf Logik und Strategie.			
Es kann technische Geräte (z. B. das Telefon) gut bedienen.			
Unser Kind nimmt Spielzeuge auseinander und versucht auch, sie wieder zusammenzusetzen.			
Wenn es die Erklärungen von Erwachsenen nicht einleuchtend findet, sagt es: »Das verstehe ich nicht!«			

Aussage	Trifft zu	Trifft teil- weise zu	Trifft nicht zu
Unser Kind hat ein Spezialge- biet, auf dem es sich recht gut auskennt (z.B. Dinosaurier, Ritter, Hunde).			
Es kann Farben, Größen und Formen richtig zuordnen.			
Wie viele Kreuzchen haben Sie gemacht?	x 2	x 1	x 0

Auswertung (maximal 20 Punkte):

Unter 10 Punkten
Logik hat etwas mit abstraktem Denken zu tun – so weit ist Ihr Kind wahrscheinlich noch nicht. Es hinterfragt noch nicht Sachverhalte und Hintergründe, sondern nimmt die Welt so, wie sie ist.
Zumindest ein Interesse an den logischen Zusammenhängen, die die Welt zusammenhalten, sollte vorhanden sein, um in der Grundschule zu bestehen. Vielleicht sollten Sie mit einer Ein- schulung noch ein wenig warten.

Zwischen 11 und 15 Punkten
Zumindest im Groben zeigt sich Ihr Kind an logischen Zusam- menhängen interessiert. Wenn Sie es in diesem Bereich fördern, ohne es zu überfordern, ist viel gewonnen.
Auf Ihrer Seite steht dabei die ganz natürliche kindliche Neugier. Geben Sie sich Mühe, die Fragen Ihres Kindes wirklich ernsthaft zu beantworten, und verbieten Sie nicht alles, was nach For- scherdrang aussieht.

Mehr als 16 Punkte

Ein so wissbegieriges Kind will allen Geheimnissen mit Logik auf den Grund gehen. Es wird in der Schule damit gut vorankommen. Das einzige Problem könnte sein: Wer schon vorweg zu viel weiß, langweilt sich unter Umständen schnell.

Kreativität

Aussage	Trifft zu	Trifft teilweise zu	Trifft nicht zu
Unser Kind verkleidet sich gerne und schlüpft dabei in verschiedene Rollen.			
Es baut aus allen möglichen Materialien Spiellandschaften.			
Es kombiniert unterschiedliche Spielsysteme (z. B. Stecksteine mit Holzklötzchen oder Puppen mit Stofftieren).			
Unser Kind malt oder formt aus Knete gerne Fantasiegestalten.			
Es hat seinen eigenen Geschmack in Bezug auf Kleidung.			
Unser Kind tanzt gerne oder macht gern Musik.			
Es denkt sich gerne Geschichten (Märchen o. ä.) aus und erzählt sie dann.			
Vorgefertigte Mal- oder Bastelanweisungen findet unser Kind langweilig.			

Aussage	Trifft zu	Trifft teil- weise zu	Trifft nicht zu
Unser Kind gibt seinen Sachen (z. B. Taschen oder Mappen) einen persönlichen »Touch« (verziert oder gestaltet sie individuell).			
Es findet oft ungewöhnliche Lösungen für Probleme, die sich auch ganz logisch einfacher hätten lösen lassen können.			
Wie viele Kreuzchen haben Sie gemacht?	x 2	x 1	x 0

Auswertung (maximal 20 Punkte):

Unter 10 Punkten

Die Macht der Fantasie hilft Kindern, Berge zu versetzen – und in der Schule zu überleben.

Übertriebene Ordnung, zu strenge Regeln, zu wenig Lautstärke und zu viel Sauberkeit behindern die Kreativität – zu Hause und im Kindergarten. Da kann schnell der Spaß an ihr verloren gehen. Oder steht vielleicht Kreativität bei Ihnen selbst nicht so hoch im Kurs? Eine förderwürdige Fähigkeit ist sie für Ihr Kind allemal.

Zwischen 11 und 15 Punkten

Kreativität und Fantasie bewegen sich im normalen Rahmen. Ihr Kind ist wahrscheinlich kein sprühender Querdenker, aber das ist in der Schule ja auch nicht unbedingt gefragt.

Mehr als 16 Punkte

Ihr Kind verfügt offensichtlich über sehr viel kreative Kraft und darin sollten Sie es unbedingt bestärken. Fragen Sie in der Grundschule nach, wie sehr solche Talente dort gefördert werden. Mit Sicherheit findet Ihr Kind aber mit seiner Fantasie und Begabung immer unkonventionelle Lösungsmöglichkeiten für eventuelle Probleme.

Die Entscheidung treffen – verantwortungsbewusst handeln

Das Jahr vor der Einschulung stellt Eltern in vielerlei Hinsicht vor eine Reihe wichtiger Entscheidungen. Die zentrale Frage ist natürlich: früher, gemäß der Stichtagsregelung oder später einschulen?

Die wichtigste Aufgabe der Eltern ist es, das Leistungsvermögen ihres Kindes realistisch einzuschätzen. Überhöhte Erwartungen führen zwangsläufig zu Überforderung. Der Übergang vom Kindergarten in die Schule vollzieht sich nicht an einem Tag. Vielmehr ist es ein langwieriger Prozess, der sich nicht selten durch das ganze erste Schuljahr hindurchzieht. Das Kind wird dabei eine völlig neue Identität entwickeln. Es erlebt Schule dann als selbstverständlichen Teil des Lebens und erfüllt seine Rolle als Schulkind.

Eltern müssen mit ihrer Entscheidung die formalen Bahnen eröffnen, den Rest muss das Kind allein bewältigen. Doch Eltern können es unterstützen.

- Oft ist die Sorge der Eltern um die bevorstehende Schulzeit größer als die der Kinder. Versuchen Sie eigene, negative Erfahrungen auszublenden und lassen Sie Ihr Kind unvoreingenommen seine eigenen Erfahrungen machen.
- Nutzen Sie Rituale, um Ihrem Kind den Rücken zu stärken. Gerade in der neuen, oft beängstigenden Schulsituation sind Kinder darauf angewiesen. Geben Sie Ihrem Kind beispielsweise einen Glücksbringer mit, der ihm Mut macht, wenn es Angst hat.

- Vermitteln Sie Wertschätzung für Lehrer und Lehrerinnen. Kindern entgeht nicht, wenn Eltern abschätzig über Lehrer sprechen. Vermeiden Sie es also, Ihre Vorbehalte auf das Kind zu übertragen!

Und ganz zum Schluss: Schule ist harte Arbeit. Überfordern Sie Ihr Kind nicht mit einem umfangreichen Freizeitprogramm. Lassen Sie es einfach spielen oder in seinem Kinderzimmer sein.

Der Beginn der Schulzeit

Die Vorbereitung kommt in die »heiße«
Phase und alle Zeichen stehen auf Veränderung. Allmählich wird allen Beteiligten – Eltern und Kindern – klar, dass nun
ein völlig neuer Lebensabschnitt beginnt.
Aber keine Sorge, die Aufregung legt sich
bald. Dann kann man quasi dabei zu-
schauen, wie innerhalb kurzer Zeit aus dem
unselbstständigen Kindergartenkind ein
selbstbewusster Grundschüler wird. Aber
auch wenn das nicht so reibungslos klappt,
gibt es (meist) keinen Grund für ernsthafte
Bedenken.

Die Vorbereitung auf den großen Tag

Zu Beginn der großen (Schul-)Sommerferien werden zumeist auch die Vorschulkinder aus dem Kindergarten entlassen. Wehmut mischt sich mit Stolz – bei den Eltern und bei den Erziehern(-innen). Jetzt sind die Kleinen schon ganz schön groß und ein erster Lebensabschnitt neigt sich dem Ende zu.

Wenn man ehrlich ist, hat man das bislang wahrscheinlich noch nie so empfunden. Doch der Abschied aus dem Kindergarten ist der erste Abschied und zugleich Meilenstein auf dem Weg in die Unabhängigkeit der Kinder.

Die Kindergarten-tür schließt sich für immer. Zudem beschleicht die Kinder nun das Gefühl, dass es wirklich ernst wird. Eine Tür schließt sich hinter ihnen – und es gibt kein Zurück. Der Countdown für den großen Tag hat nun endgültig begonnen und er wird nicht nur von Übermut, sondern auch von ersten Ängsten begleitet.

Vorfreude und erste Ängste – bei Kindern und Eltern

Wo heute noch ungetrübte Vorfreude war, da schleichen sich am nächsten Tag auch kleine Unsicherheiten ein. Der Abschied von den geliebten Erzieherinnen und von vielen Freunden wird auch als Verlust empfunden und dämpft manchmal ein wenig die Vorfreude. Zudem stehen die Zeichen auf Veränderung und das spüren die Kinder ganz deutlich.

Wahrscheinlich fragt Ihnen Ihr Kind jetzt täglich Löcher in den Bauch, wie es wohl sein wird in der Schule, wer die Schulkameraden sind und ob wohl alle Schulsachen auch in den Ranzen passen. Damit aus der unbestimmten Unsicherheit, die Kinder natürlicherweise empfinden, keine Ängste werden, sollte man ihre Fragen gewissenhaft und ehrlich beantworten. Eigene Zweifel heißt es sorgsam zu verbergen. Denn schließlich soll der erste Schultag für alle ein kleines Freudenfest sein.

Jedes Kind hat eine andere Vorstellung von der Schule. Geschichten von Eltern und Großeltern, Geschwistern und Freunden oder aufgeschnapptes Halbwissen aus den Medien fügen sich zu einer Fantasiewelt zusammen. Es ist wichtig, mit dem Kind über seine Vorstellungen zu sprechen und falsche Erwartungen sanft zurechtzurücken. Hüten Sie sich allerdings davor, auf den reichen Erinnerungsschatz aus der eigenen Schulzeit zurückzugreifen. Zu vieles hat sich seitdem verändert und auch kritische Äußerungen über Lehrer im Allgemeinen können Kinder nur irritieren. Wichtig ist es, dass weder Angst noch zu hohe Erwartungen die Vorfreude trüben.

Doch mit Optimismus allein lassen sich nicht alle Unsicherheiten ausräumen. Die Veränderungen, die jetzt anstehen, betreffen nicht nur das Schulkind, sondern auch die gesamte Familie. Während man im Kindergarten nicht unbedingt zu einer bestimmten Zeit kommen musste, fängt die Schule immer pünktlich an. Und pünktlich heißt auch früh. Das bedeutet für die gesamte Familie eine Neuorganisation des morgendlichen Ablaufs. Wer muss wann geweckt werden, darf wann und wie lange ins Bad, was wird gefrühstückt, das bis zur ersten Pause satt macht? Verblüfft stellen manche Eltern fest, dass ihre Kinder keineswegs immer gut aus dem Bett kommen, wenn morgens der Wecker klingelt. Auch missmutige Gesichter am Frühstückstisch sind vielleicht noch ungewohnt. Angesichts des regulierten Morgenprogramms verschlägt es manchem Schulanfänger gleich den Appetit.

Der Tagesablauf muss angepasst werden.

Der nunmehr stark strukturierte Tagesablauf mit festen Weck- und Schulzeiten, Hausaufgaben am Nachmittag und strengeren Bettruhephasen sorgt bald für Spannungen. Nun streiten die Experten gerne darüber, ob man schon die Ferienzeit nutzen sollte, um den kommenden Tagesablauf zu trainieren. Die Erfolge sind zweifelhaft und deshalb sollte man vielleicht einfach die »letzte« freie Zeit genießen.

Kinder können lernen, mit Unsicherheit und Ängsten umzugehen.

Mit Ängsten umgehen lernen

Die wichtigste Therapie ist »reden«. Sprechen Sie viel mit Ihrem Kind und nehmen Sie seine Bedenken ernst. Entwickeln Sie gemeinsam schon vorab »am grünen Tisch«, wie es sich in bestimmten Situationen am besten verhält. Ein Beispiel: Ihr Kind hat Sorgen, dass es sich im Schulhaus nicht zurechtfindet. Was kann es also tun?

- Andere Kinder ansprechen, denen es im Schulhaus begegnet.
- Erwachsene (z. B. Lehrer) ansprechen und nach dem Weg fragen.
- Im Sekretariat oder Lehrerzimmer fragen und um Hilfe bitten.
- Einfach in ein Klassenzimmer gehen und dort nachfragen.

Im Idealfall macht das Kind bald eigene Lösungsvorschläge. Ermutigen Sie es in diesem Sinne, denn eigenständig Lösungen für Probleme zu finden, macht gleich viel selbstbewusster, handlungsfähiger und mutiger.

Was bedeutet es, ein Schulkind zu sein?

In erster Linie bedeutet es Veränderung und diese macht Kinder unsicher. Eine Art mit dieser Unsicherheit umzugehen, ist das »Schule spielen«. Alle Vorschulkinder lieben es, dabei sind die Rollen frei. Ganz oft will das Kind nicht nur Schüler, sondern auch Lehrer sein. Spielen Sie mit! Durch solche Rollenspiele erfahren Sie unglaublich viel über die Ängste und Sorgen, aber auch über die Freude und Neugier des Kindes.
Neben den Vorbereitungsmöglichkeiten, die Sie schon in Kapitel 1 nachlesen konnten, beginnt in der kurzen Zeitspanne vor dem ersten Schultag die Feinarbeit. Richten Sie Ihr Augenmerk

auf die möglichen Ängste Ihres Kindes. Zumeist sind es Fragen wie »Werde ich Freunde unter den Klassenkameraden finden?« oder »Was erwartet mich in der Schule?«, die in den Köpfen der Kinder kreisen.

Die meisten Zweifel der Kleinen kann man »wegtrainieren«. Natürlich lässt sich z. B. die Sorge um die Klassengemeinschaft nicht wegdiskutieren, aber man kann mit dem Kind immer wieder Situationen üben, bei denen man sich als Einzelner in einer Gruppe fremder Kinder behaupten muss. Besuchen Sie einen »fremden Spielplatz«, gehen Sie mit dem Kind zum »Probetraining« in einen Sportverein, provozieren Sie also Situationen, in denen das Kind sich allein unter anderen behaupten muss. Unsicherheit ist das Gegenteil von Selbstsicherheit. Die kann man trainieren, indem man dem Kind kleine Aufgaben überträgt, für deren Erledigung es selbst verantwortlich ist. Das können ganz unterschiedliche Tätigkeiten sein: das Haustier füttern, den Müll raustragen, den Tisch decken und so weiter. Das wird vielleicht anfangs noch gutwillig angenommen.

Spiele zu spielen, hilft bei der Gruppenfähigkeit und fördert soziale Kompetenz.

Neugier fördern

Neugier ist die hervorragende Eigenschaft bei Kindern, denn sie beinhaltet den Mut Unbekanntes zu erforschen. Die Schule ist so etwas Unbekanntes, doch sie zu entdecken, braucht es Mut. Ergreifen Sie jede Gelegenheit, mit Ihrem Kind ins Gespräch zu kommen – über eine Tiersendung im Fernsehen, über ein gemeinsam gelesenes Buch, über die Gänseblümchen im Garten … Damit fördern Sie die sprachlichen Fähigkeiten und schärfen seine Ausdrucksfähigkeit. Kinder sind für die verschiedensten Dinge leicht zu begeistern. Diesen Umstand sollten Sie nutzen und Fragen nicht abblocken. Auch wenn die kleinen Quasselstrippen manchmal nerven.

Schon bald quittiert das Kind es mit einem Murren. Doch auch das stärkt das Selbstbewusstsein, selbst wenn die Tätigkeiten allmählich langweilig werden. Das Kind lernt dabei zudem, dass nicht alles, was man machen muss, spannend ist und bleibt, man aber trotzdem Lob und Anerkennung erntet, wenn man durchhält. Und in der Schule ist das ja ganz ähnlich.

Auch das Einhalten von Spielregeln und Verboten sollte vor der Einschulung noch mal konsequent verfolgt werden. In der Schule wird das Kind täglich an Grenzen stoßen und Regeln befolgen müssen, die Familie ist dafür das beste »Trainingsgelände«.

Was man für die Schule braucht: Schulranzen und Co.

Mit der Schulzeit beginnt für Eltern ein kostenintensiver Lebensabschnitt. Schule kostet Geld – und damit ist keineswegs Schulgeld gemeint. Für die ganze Erstausstattung muss man schon mit mehr als 100 Euro rechnen.

Da ist zum einen der Schulranzen. Er gilt unter Erstklässlern als Statussymbol und offensichtlicher Beweis der Schulfähigkeit. Schon Monate vor dem großen Tag wird die Auswahl getroffen: Welche Farbe, welches Muster gefällt? Ausschlaggebend sollten allerdings die sicherheitstechnischen Eigenschaften sein. Um Kinder im Straßenverkehr gut sichtbar zu machen, müssen gewisse DIN-Normen erfüllt sein. So müssen mindestens 20 Prozent der Vorder- und Seitenteile aus fluoreszierendem und mindestens 10 Prozent aus reflektierendem Material bestehen. Außerdem darf der Ranzen ein gewisses Maximalgewicht nicht überschreiten. Als Faustregel gilt Folgendes: Eine Schultasche darf generell nicht mehr als 10 bis 12,5 Prozent des Körpergewichtes wiegen. Wiegt also eine Schultasche im Leerzustand etwa 1,2 kg (in den ersten beiden Schuljahren) und das Kind wiegt 25 kg, so darf der Ranzen plus Inhalt nicht mehr als 2,5 kg schwer sein. Für Bücher, Hefte und Verpflegung bleibt also relativ wenig Spielraum.

Der Schulranzen sollte nicht zu schwer sein.

Ein Ranzen darf zudem keine scharfen Ecken und Kanten haben und sollte möglichst stabil sein. Nicht selten wird er als Sitzgelegenheit missbraucht werden oder wütend in die Ecke geschleudert. Eine wasserdichte Fertigung bzw. Imprägnierung ist sinnvoll, um Hefte und Stifte vor auslaufenden Flüssigkeiten und Regen zu schützen.

> **Checkliste: Schulranzen**
>
> - Leergewicht bis maximal 1,5 kg
> - Gesamtgewicht nicht mehr als 10 Prozent des Körpergewichts
> - ausreichend Reflektoren für die Verkehrssicherheit
> - stabiler Rahmen
> - gepolsterte Tragegurte
> - waagerechter Sitz auf Schulterhöhe
> - getrennte Innentaschen, wasserdicht
> - liegt eng am Rücken an

Der Inhalt eines Schülerranzens wird von keiner DIN-Norm erfasst. Leider schleppen viele Kinder immer noch viel zu schwere Schultaschen mit sich herum. Hefte, Stifte, Mäppchen und Bücher – da kommen schnell einige Kilo zusammen. Was Ihr Kind im ersten Schuljahr alles braucht, erfahren Sie durch die Grundschule. In gut organisierten Schulbetrieben bekommen Eltern diese »Einkaufsliste« schon vor den großen Ferien, manchmal muss aber alles in den ersten Schultagen besorgt werden. Was die Sache relativ teuer macht, sind die Hefte mit spezieller Lineatur, die es selten im Discounter gibt. Außerdem werden zumeist farbige Heftschutzhüllen benötigt – und wenn man die Farben vorab nicht kennt, bleibt oft ebenfalls nur der teurere Einzelhandel.

Die klassischen Federmäppchen eignen sich für die ersten Klassen am besten. Sogenannte Schlampermäppchen ohne

Der Füller wird erst nach Weihnachten gebraucht.

einzelne Fächer und Schlaufen überfordern den Ordnungssinn der meisten Erstklässler. Für den Inhalt braucht man Bleistifte und Buntstifte in unterschiedlichen Stärken, außerdem Spitzer, Radiergummi und Lineal – lassen Sie sich beraten.

»Das ist dein Tag« – den ersten Schultag gestalten

Selbst wenn der erste Schultag auf einem Werktag fällt – feiern Sie ihn!

Wenn alle Vorbereitungen getroffen sind, kann der große Tag endlich kommen. Die Schule versucht ihren Teil zum Gelingen des ersten Schultags beizutragen, indem sie die neuen Grundschüler mit einem bunten Fest begrüßt. Aber auch innerhalb der Familie sollte dieser Tag etwas Besonderes sein.

Feuchte Hände, weiche Knie

Zu den beliebten Ritualen zur Feier des ersten Schultags gehört eine prallgefüllte Schultüte. Egal wie alt das künftige Schulkind ist, darauf möchte keiner verzichten. Viele Eltern basteln die Schultüte selbst noch zu Kindergartenzeiten, aber natürlich kann man sie auch fertig gestaltet kaufen und nur selbst befüllen. Ganz klassisch gehören in eine Schultüte Süßigkeiten und Spielsachen. Doch was in die Tüte kommt, sollten die Eltern entscheiden – sie kennen die Wünsche der Kinder am besten. Auf dem Weg zur Schule halten die Kinder die Schultüte fest umklammert und selbst die größten Maulhelden gehen brav an Mamas (oder Papas) Hand ehrfürchtig die Stufen zum Schulgebäude hinauf. Eiskalt und feucht sind die kleinen Händchen, die sich da an die Hand der Erwachsenen klammern. Unsicher blicken sie umher, suchen nach Vertrautem, suchen nach mehr Sicherheit. Ihnen wird klar: Jetzt gibt es kein Zurück mehr! Wundern Sie sich also nicht, wenn Ihnen Ihr Kind am ersten Schultag so völlig verändert erscheint.

In der Schule erwartet die Kinder ein kleines Festprogramm. Oft
führen Mitschüler der höheren Klassen ein kleines Theaterstück
vor, machen Musik oder singen lustige Lieder. Natürlich kommt
man um eine Rede des Schulleiters nicht herum, der dann in der
Regel auch die Lehrer vorstellt. Danach geht es im Gänsemarsch
mit der Lehrerin oder dem Lehrer in die Klassenzimmer. Für
die Eltern ist erstmal Pause, die ihnen oft durch eine Bewirtung
durch den Elternbeirat der Schule versüßt wird.
Nach knapp zwei Stunden ist alles vorbei und die Schule zum
ersten Mal aus. Eltern und Kinder sind zufrieden und glücklich,
nichts kann diese Erleichterung trüben. In manchen Orten ist
es üblich, noch einen gemeinsamen Gottesdienst zu besuchen.
Auf alle Fälle aber sollte man den Tag nicht einfach so dahin-
fließen lassen, sondern vielleicht ein kleines Familienfest mit
Verwandten und Freunden anschließen.

Die Kinder spüren auf dem Weg zur Schule, dass es nun ernst wird.

Kleiderordnung für den großen Auftritt

Der erste Schultag ist kein Tag wie jeder andere. Als
ob alles nicht schon aufregend genug wäre, stellt sich
natürlich auch noch die Frage: Was zieht man an? Weil
die Einschulung schon einen festlichen Charakter hat,
sollte man sich dementsprechend kleiden. Das Wichtigste
ist allerdings, dass das Kind bei der Kleiderfrage mitreden
darf. Eine saubere Jeans mit einem Hemd für den Jungen
ist ebenso okay wie ein schickes Kleid für die Mädchen.
Es geht doch darum, sich wohl in seiner Haut zu fühlen –
und das kann man nur, wenn man die Kleidung mag, die
man trägt. Andererseits unterstreicht ein etwas schickeres
Outfit auch die Wichtigkeit des Tages.

Bei all der Festtagsstimmung sollte aber auch für Ruhephasen
gesorgt sein, der Anspannung der Kinder kann nur durch Entspannung entgegengewirkt werden. Nach einer Stunde allein

mit der Lehrkraft und all den neuen Mitschülern gibt es viel zu berichten und zu verarbeiten – das braucht Zeit und Ruhe.

An manchen Schulen ist es üblich, dass sich die Lehrer mit einem Brief und Bild schon vorab bei ihren neuen Schülern vorstellen. Das hilft Kindern sehr, denn so können sie sich bereits auf die neue Autoritätsperson einstellen. Manche Schulen haben auch eine Homepage mit Bildern der Lehrer im Internet.

Andere Schulen allerdings setzen auf den Überraschungseffekt. Erst am Tag X erfährt das Kind, mit welchem Lehrer es künftig klarkommen muss. In der Regel können sich Eltern darauf verlassen, dass sie eine erfahrene Erstklassenleitung erwartet. Aber auch wenn es anders ist und man vielleicht schon das eine oder andere über die Lehrkraft gehört hat, sollte man sich mit vorschnellen Urteilen zurückhalten. Das gilt insbesondere für die Situationen, in denen das Kind mithört.

Eltern zwischen Wehmut und Stolz

Kommt ein Kind in die Schule, so ist das auch für die Eltern ein aufregender Tag. Eine Ära – die des Kindergartens – geht zu Ende und ein neues Lebenskapitel wird aufgeschlagen. Auf dem ersten Schulweg sind Eltern oft hin- und hergerissen zwischen Wehmut und Stolz.

Eigene schlechte Erinnerungen an die Schulzeit können an diesem Tag belastend sein.

Wehmut beschleicht sie deshalb, weil ihre Kleinen nun ganz groß sind und das Ende der Kindheit damit eingeläutet wird. Und Stolz fühlt man, weil man es geschafft hat, ein Kind so weit zu bringen, dass es mit hoch erhobenem Kopf diese neue Herausforderung annimmt. Dennoch ist der plötzliche Wechsel vom behüteten Kindergarten in die Schule, die soviel mehr Selbstständigkeit erfordert, nicht so leicht.

Plötzlich ist da wieder dieser Beschützerinstinkt, der beim Betreten des Schulgebäudes über die Eltern hereinbricht, so dass man am liebsten auf dem Absatz umdrehen möchte.

Solche negativen Gefühle gilt es aber jetzt beiseite zu drängen und sich vor Augen zu führen, dass sich der Übergang vom Kindergartenkind zum Schulkind nicht an einem Tag vollzieht – schon gar nicht am ersten Schultag. Denken Sie immer daran: Ein Kind wird erst in der Schule zum Schulkind! Und auf diese Veränderung haben Sie als Eltern so gut wie keinen Einfluss.

Die Klassengemeinschaft

Bei der Strukturierung der Klassen achten Schulleiter insbesondere auf zwei Kriterien: Welche Kinder wohnen in einem Einzugsgebiet, haben also unter Umständen den gleichen Schulweg? Man geht davon aus, dass Kinder aus der Nachbarschaft sich kennen und sich deshalb schneller eine Klassengemeinschaft bildet.
Ein anderes Kriterium ist der Kindergarten. Kinder, die ihn gemeinsam besucht haben, kennen sich und finden sich so in der fremden Schulumgebung zusammen mit vertrauen Kindergartenfreunden besser zurecht. In manchen Schulen kann man beim Aufnahmegespräch auch Wünsche angeben, mit welchem Freund man zusammen in einer Klasse sein möchte. Erfahrungen zeigen jedoch, dass solche Bindungen zwar vielleicht über die ersten Eingewöhnungsschwierigkeiten hinweghelfen, langfristig sind solche Kindergartenfreundschaften aber in der Schule oft nicht von Bestand.

Einfügen oder ausgrenzen?

Wie sich ein Kind in der Gruppe verhält, das hängt von vielen unterschiedlichen Faktoren ab. Gibt es in der Klassengemeinschaft Kinder, die sich schon kennen, so bilden diese zuerst einmal eine »Notgemeinschaft«. In der fremden Umgebung

Im Schulalltag verändern sich auch alte Freundschaften.

ist einem jedes Mittel recht, sich von der anonymen Gruppe abzuheben und sich gemeinsam etwas weniger allein zu fühlen. Doch solche Notbündnisse sind oft nur von kurzer Dauer, denn im Schulalltag wird schnell klar, dass alle sich verändern und dass nichts bleibt, wie es ist. Es ist müßig darüber zu philosophieren, welche gruppendynamischen Prozesse dabei ablaufen, denn eingreifen können Eltern dabei ohnehin nur sehr begrenzt. Das ist der Job des Lehrers und da sollte man sich zunächst auch nicht einmischen.

Es gibt immer Kinder, die sich klaglos in eine neue Gemeinschaft einfügen und die Respekt und Freundschaft schnell gewinnen. Es gibt aber auch immer Kinder, die ganz unversehens in die Außenseiterrolle gedrängt werden, die mit Hohn und Verachtung gestraft werden, ohne dass sie offensichtlich etwas falsch gemacht hätten. Wie gesagt, wie es Ihrem Kind ergehen wird, kann man nicht vorhersagen und bis zu einem gewissen Maß gehört das Zusammenraufen einer Klassengemeinschaft auch zum Wachsen eines Schulkindes dazu.

Gruppenfähigkeit fördern

Wenn ein Einzelkind, das unter Umständen noch nicht einmal einen Kindergarten besucht hat, in eine Klasse mit 29 anderen Kindern kommt, wird es garantiert problematisch. Doch alle anderen Kinder, die im Kindergarten waren oder Geschwisterkinder haben, bringen bereits gewisse Vorkenntnisse mit. Die sind jetzt gefragt. Gruppenfähigkeit fördern kann man nur dadurch, dass man seinem (Einzel-)Kind oft genug Gelegenheit gibt, sich in neue Gruppen zu integrieren und dort zu bewähren. Das geht im Sportverein ebenso wie in der Spielgruppe, im Kinderclub am Urlaubsort ebenso wie im Skikurs während des Winterurlaubs.

»Hackordnung« im Klassenzimmer

In einer Klassengemeinschaft geht es zu wie auf dem Hühner-
hof, es bildet sich ganz schnell eine Hackordnung heraus, die
die Position innerhalb der Gemeinschaft definiert. Wer dabei –
bildlich gesprochen – auf der Hühnerleiter oben und wer unten
steht, das gehört zu den Geheimnissen des menschlichen Zu-
sammenlebens, die sich wohl nie ganz lösen lassen werden. Die
Klassengemeinschaft spaltet sich jedoch ziemlich schnell nach
den Geschlechtern auf.
Bei den Jungen gibt es einen Boss, einen Anführer. Das ist meistens ein kräftiger, selbstsicherer Typ, der zudem das Selbstvertrauen besitzt, den Lehrern die Stirn zu bieten. Vor allem Jungs
schließen sich in solchen Peer-Groups zusammen – einem Leader
und seiner Gefolgschaft. Es gibt natürlich auch die klassische
Freundschaft unter Jungs, aber die ist eher selten. Nicht immer
ist diese Zweiergemeinschaft so stark, sich gegenüber den gängi-
gen Gruppen zu behaupten. Zumeist hat auch jede Klasse einen
Streber (der vielleicht gar nicht strebt, sondern einfach nur brav
ist) und einen Clown (der vielleicht gar nicht immer witzig sein
will, sondern nur seinen Frust überspielt).
Mädchen orientieren sich eher in Zweierbeziehungen. Die
beste Freundin ist unschlagbar und fürs Selbstbewusstsein ganz
wichtig. Mädchencliquen sind in der Grundschule eher selten.
Ebenso selten sind Solidargemeinschaften. In der Schule werden
sich viele Mädchen schnell ihrer weiblichen Rolle bewusst, was
oft auch bedeutet, dass sie sich sehr auf eine Freundin konzentrieren und alle anderen links liegen lassen. Auf Dauer kann das
ein gefährliches Arrangement sein, denn wenn die beste Freundin ausfällt, steht man plötzlich ganz alleine da. Natürlich gibt
es auch unter den Mädchen die Neunmalkluge, die alles besser
weiß; die Burschikose, die sich eigentlich bei den Jungs viel
besser aufgehoben fühlt; die Prinzessin, die immer im Mittelpunkt stehen will und so gar kein Rückgrat hat. Im Laufe der

Grundschulzeit entwickeln sich übrigens (fast) alle Mädchen (zumindest vorübergehend) zu Zicken. Auch wenn man dann als Elternteil all seine Erziehung »den Bach hinuntergehen« sieht, das ist (leider) normal.

Wer sitzt wo – und warum?

Die Sitzordnung in der Klasse ist an den ersten Schultagen noch lustbetont und wenig verbindlich. Die Lehrerin gewährt zumeist den Sitzplatzwunsch, um sich die Klasse erst einmal in der selbst gewählten Position anzuschauen. Es sagt viel über das Kind und sein Wohlgefühl aus, wenn man sieht, welchen Platz es sich alleine aussucht. Die Mutigen setzen sich gleich in die erste Reihe, die Zaghaften halten lieber Abstand zum Lehrerpult. Ganz von allein verschiebt sich die Platzordnung, weil schon bald die Selbstbewussten freiwillig nach hinten wandern und die Schutzbedürftigen die Nähe der Lehrkraft ganz vorne suchen. Einen anderen Platz zugewiesen zu bekommen, finden Kinder meist nicht so toll. Denn gerade die Schwätzer und konzentrationsschwachen Kinder hat wiederum die Lehrkraft gern in ihrer Nähe – sehr zum Leidwesen der Braven, die dann weiter nach hinten rücken müssen.
Im Laufe der ersten Monate wird die Lehrkraft die (in ihren Augen) ideale Sitzordnung ausgetüftelt haben. Eltern ist kein Mitspracherecht gewährt, es sei denn, dass gesundheitliche Einschränkungen (schlechte Augen oder mangelndes Gehör) einen Platz in der ersten Reihe erforderlich machen.

Freunde oder Feinde: Wie wächst eine Gemeinschaft?

Eine gute, ausgewogene Klassengemeinschaft ist ein Glücks-
fall – für Lehrer und Schüler. Dann ist konzentriertes Lernen in
einer entspannten Atmosphäre von Anfang an möglich. Doch
die Realität sieht meistens anders aus. Bis zu 30 Schüler und eine
Lehrkraft sind von einem Tag auf den anderen zur Gemeinschaft
verdonnert. Wo so viele unterschiedliche Typen und Charaktere
aufeinandertreffen, geht es selten ohne Reibereien ab.
Bei den Kindern ist oft noch das Schwarz-Weiß-Denken veran-
kert und sie unterteilen die Mitschüler kategorisch in Freunde
oder Feinde. Zudem spaltet sich die Klasse auch noch in Jungen
und Mädchen. Derartigen separatistischen Bestrebungen versucht natürlich die Lehrkraft entgegenzuwirken, doch – trotz
allem Bemühen um Neutralität – ganz unvoreingenommen ist
auch sie nicht. Aus einer mehr oder minder willkürlich zusam-
mengewürfelten Gruppe eine Gemeinschaft zu machen, braucht
also Zeit.
Toleranz, Respekt und Rücksichtnahme – das sind die drei
Säulen, auf denen ein friedvolles Miteinander beruht. Im Prinzip
steht die Entwicklung dieser Fähigkeiten auf dem »Lehrplan«
der Kindergärten und Schulkinder sollten diese sozialen Kompetenzen bereits erworben haben. Doch mit dem Schulleben ändert
sich alles, vor allem auch das Selbstbild.
Im Gegensatz zu dem Bild, das andere von uns haben, hat jeder
Mensch auch eine Vorstellung von sich selbst. Dieses Selbstbild
spiegelt sich im Verhalten eines Menschen wider und beeinflusst
es. Wie man sich selbst sieht, setzt sich zusammen aus gedank-
lichen Vorstellungen von den eigenen Fähigkeiten und dem
eigenen Wesen, aus einer gewissen Selbstliebe und Stimmungen
sowie aus willentlichen Komponenten wie Selbsteinschätzung.
Obwohl wir uns ständig verändern, bleiben wir der gleiche
Mensch – das ist unsere Identität. Das Selbstbild allerdings ist
Schwankungen und Veränderungen unterworfen. Und nichts

**Der Schulbeginn
verändert das Selbst-
bild des Kindes.**

bringt das Selbstbild so unter Druck wie der Schulbeginn. Alles, woraus das Kind bisher sein Selbstbild ableitete und sein Selbstbewusstsein bezog, ist plötzlich auf den Kopf gestellt. Einerseits will man nicht mehr als zur Gruppe (der Erstklässler) zu gehören, andererseits definiert sich die Persönlichkeit zunehmend durch Lob, Leistung und Anerkennung (durch die Lehrer), was wiederum häufig zur Ausgrenzung (von »Strebern«) führt. Ohne weiter in die Tiefe zu gehen, wird deutlich, wie schwierig die Situation für jeden einzelnen Schüler ist und wie viel schwerer es fällt, eine Klassengemeinschaft zu gestalten.

Die Lehrer

Beim Elternabend lernen Sie die Lehrkraft besser kennen!

Nach dem Schulstart findet meist ziemlich schnell ein Elternabend für die ersten Klassen statt. Bei dieser Informationsveranstaltung haben Sie als Eltern die Gelegenheit, die Lehrkraft kennenzulernen und Fragen zu stellen. Zudem wird an diesem ersten Abend häufig der Elternvertreter der Klasse gewählt (vgl. Kap. »Einmischen: Eltern wirken mit« ab S. 107).

Die Lehrerin oder der Lehrer erklärt den Eltern das Lernprogramm fürs erste Halbjahr, gibt Tipps und Hinweise für die Hausaufgaben und erläutert generelle Regeln, die an der Schule gelten.

Um über ihr Kind zu sprechen, besuchen Eltern am besten die Sprechstunden des Lehrers bzw. warten auf den Elternsprechtag, der auch ziemlich bald folgen wird. Dort gibt es dann individuelle Beratung und Informationen darüber, wie sich ein Kind im Unterricht verhält und wie es mit der neuen Situation und den Klassenkameraden klarkommt.

Zumeist haben es die Schüler der ersten Klasse nur mit einer Lehrkraft zu tun. Manchmal werden Fächer wie Religion und Werken von Fachlehrkräften unterrichtet.

»Götter an der Tafel?«

Wie sich die Erstklässler angesichts des Lehrers fühlen, können
Eltern am ersten Informationsabend ganz gut nachvollziehen.
Während Sie als Erwachsene sich auf kleinen Kinderstühlen
quälen, sitzt der Lehrer vorne bequem auf einem Bürostuhl
(o. Ä.). Nicht selten schlüpft man dabei emotional in die Rolle
des Schülers, fühlt sich klein und unbedeutend angesichts des
Lehrers am Pult in seiner hervorragenden Position.

Goldene Regeln für den Umgang mit Lehrern

Nicht nur über Leistung reden

Beschränken Sie sich in Gesprächen mit der Lehrkraft
nicht nur auf Leistungen und Benehmen. Damit riskie-
ren Sie, dass Sie zum Zuhörer abgestempelt werden und
sich, mehr oder weniger betroffen, die Vorhaltungen des
Lehrers anhören müssen. Sprechen Sie über die Auswir-
kungen der Schule auf zu Hause, ob sich das Kind langweilt, sich überfordert fühlt oder gerne lernt. Versuchen
Sie, die »ganze Persönlichkeit« ihres Kindes zu beschreiben, seine Hobbys, Interessen oder Angewohnheiten,
dadurch lernt der Lehrer Ihr Kind als ganz besonderes
Kind kennen. Aber Vorsicht: Zuviel Offenheit kann dann
auch wieder schaden!

Auch Anerkennung äußern!

Jeder Mensch braucht Lob, auch die Lehrer. Gehen Sie
nicht nur in die Sprechstunde, um zu kritisieren und wenn
es ein Problem gibt. Die Elterngespräche sind für Lehrer
oft das einzige Feedback auf ihre Arbeit. Freude und Anerkennung äußern Schüler zumeist nur versteckt, sodass
man daraus als Erwachsener oft keine Befriedigung beziehen kann. Außerdem macht ein freundliches Wort vorweg
gleich eine bessere Gesprächsatmosphäre.

Kinder einbeziehen

Gespräche zwischen Eltern und Lehrern können auch mal in Anwesenheit des Kindes stattfinden, das beugt Missverständnissen vor.

Regen Sie Hausbesuche an

Gespräche zwischen Eltern und Lehrern müssen nicht zwangsweise immer in der Schule stattfinden. Einen Versuch ist es wert: Laden Sie die Lehrerin auf einen Kaffee nach Hause ein oder treffen Sie sich in einem Straßencafé.

Besuch im Unterricht möglich?

Kann ein Hausbesuch des Lehrers mehr Verständnis für das Kind erzeugen, so hilft ein Besuch der Eltern im Unterricht, mehr Verständnis für den Lehrer aufzubringen. Allerdings sind nicht alle Pädagogen souverän genug für diese Art der Informationsveranstaltung.

Gemeinsam stärker sein

Tauschen Sie sich mit anderen Eltern aus! Tauchen dort die gleichen Probleme auf, sollte vielleicht eine Elternversammlung angeregt werden.

Ein solidarisches Miteinander der Eltern und der Lehrkraft zum Wohl der Kinder wäre wünschenswert – doch so ist es leider selten.

Viele Lehrer verbreiten gern den Status des Unfehlbaren und versuchen damit gleich zu Beginn, die Fronten zu klären. Ganz gleich, wie man persönlich solche Auftritte empfindet, seine Emotionen sollte man abstreifen, wenn sich die Schultüre hinter einem schließt. Man tut sich und seinem Kind keinen Gefallen, wenn man seine wahre Meinung vertritt und eventuell sogar gegenüber dem Kind äußert.

Die meisten Kinder versuchen, die Distanz zum Lehrer zu brechen und ein gutes Verhältnis zu ihm (ihr) aufzubauen. Was der Lehrer sagt, wird schnell zum Gesetz und die Regeln zu brechen, erlauben die Kinder noch nicht einmal den eigenen Eltern. Kinder streben nach Anerkennung durch den Lehrer. Am leichtesten geht das über gute Leistung, Aufmerksamkeit und gutes Benehmen. Diese ideale Kombination ist allerdings nicht immer gegeben, sodass auch Konflikte mit der Lehrkraft bereits in der ersten Klasse an der Tagesordnung sein können.

Der Vielfalt gerecht werden

Kinder sind – das weiß man inzwischen – vielfältig begabt. Doch Begabung ist nicht einfach da, sie muss gefördert und entwickelt werden. Auch das ist eine Aufgabe der Grundschule, selbst wenn diese Anforderung auf keinem Lehrplan steht. Da jedes Kind anders begabt ist, braucht es individuelle Unterstützung. Für den Lehrer bedeutet es, nicht die Klasse pauschal zu unterrichten, sondern sich jeden Schüler genau anzuschauen und jedem individuellen Zugang zum Lernstoff zu geben. Im Fachjargon nennt man das »differenzierter Unterricht«. Doch differenzierter Unterricht darf nicht zum Einzelunterricht werden, es gilt vielmehr, die unterschiedlichen Voraussetzungen, mit denen Kinder in die Schule kommen, zu berücksichtigen. Ziel ist es, ein soziales Lernen zu etablieren, bei dem man den Kindern die Möglichkeit bietet, Konflikte miteinander und Aufgaben gemeinsam zu lösen. Folge dieses Umdenkens sind neue pädagogische Konzepte, wie integrativer Unterricht, die Abschaffung der Zensuren in den ersten Grundschulklassen und die Einführung von Ganztagsschulen.

Jedes Kind braucht individuelle Förderung.

»Jedes Kind ist anders« wusste schon Maria Montessori und Eltern, die mehrere Kinder haben, können diese Aussage nur unterschreiben. Jeder Mensch, auch wenn er in derselben Familie aufwächst, hat unterschiedliche Stärken und Schwächen, Fähigkeiten und Vorlieben. So vielfältig und verschieden sind auch die Kinder, die in einer Grundschulklasse zusammengefasst werden. Auf diese Unterschiedlichkeit muss der Lehrer Rücksicht nehmen, damit sich die einen nicht langweilen (weil sie z. B. alle Buchstaben schon kennen) und die anderen sich die Welt der Buchstaben in gemäßigtem Tempo erarbeiten können. Für Lehrerinnen und Lehrer ist das eine sehr große Herausforderung.

Kinder brauchen Lernkompetenz. Wenn man bedenkt, dass eine Grundschullehrkraft im Durchschnitt 24 Kinder unter einen Hut bringen muss, wird schnell klar, wo die Grenzen des differenzierten Unterrichts liegen. Die einzige Chance, der Vielfalt gerecht zu werden, ist Kindern zu helfen, es selbst zu tun! Das Stichwort der Zukunft ist »Lernkompetenz«. Einfach gesagt bedeutet es, dass eine Lehrkraft Aufgaben mit unterschiedlichem Schwierigkeitsgrad anbietet und das Kind selbst entscheidet, welche angemessene Aufgabe es zu lösen versucht. In einem zweiten Schritt muss das Kind lernen, gegebenenfalls um Hilfe zu bitten. Diese Ansätze werden heute in der Grundschule z. B. durch so genannte Wochenplan-Arbeit umgesetzt.

Unfehlbar?

Kein Mensch ist unfehlbar – auch der Lehrer nicht. Immer noch viel zu oft wird jedoch dieser Mythos der »Unfehlbarkeit« verbreitet und gefördert. Machen Sie sich als Eltern von Anfang an klar, dass Sie dem Lehrer auf Augenhöhe begegnen sollten. Sie sind gleichberechtigte Partner im Bestreben, das Kind so gut es geht zu fördern. Auf dieser Basis sollte Zusammenarbeit möglich sein. Doch Lehrer versuchen gern das Gegenteil: Sprechstunden nur in der Schule, kein kurzer Plausch zwischen Tür und Angel, das alles bereitet den Eltern Unbehagen und suggeriert Distanz. Der Heimvorteil des Lehrers im Schulgebäude wird genutzt, um Kritik möglichst im Keim zu ersticken. Fatalerweise zeigt der Mythos der Unfehlbarkeit zumindest bei den Schülern rasch Wirkung. Frech und aufmüpfig sind die ABC-Schützen eher selten. Bis sie durchblickt haben, dass auch Lehrer nur Menschen sind, dauert es ein paar Jahre – und dann ist die Grundschulzeit eh vorbei.

Die Elternschaft

Kommt ein Kind in die Schule, beginnt für die Eltern die »zweite« Schulzeit. Viele können sich noch gut daran erinnern, wie erleichtert sie waren, als sich die Schultore zum letzten Mal hinter ihnen schlossen. Als sie Schule und Lehrern den Rücken kehren konnten und hinaus ins Leben, in die Selbstständigkeit, in die Freiheit gehen durften. Mit der Schulzeit der eigenen Kinder kommt das alles wieder hoch – nur dass wir es diesmal nicht selbst sind, die unter den Lehrern zu leiden haben. Jetzt sind es die eigenen Kinder – und das macht die Sache noch mal komplizierter.

Abschied vom Kindergartenkind

Sein Kind in fremde Hände zu geben, lernen Eltern schon zur Kindergartenzeit. So sehr sich das Kind und vielleicht auch Sie es sich gewünscht haben, dass nun endlich die Schule beginnt, so wehmütig blickt man schon bald auf die ungezwungene Kindergartenzeit zurück. Damals, ja da war alles leichter. Auch Unselbstständigkeit und Hilfsbedürftigkeit haben durchaus ihren Reiz – auch wenn das Eltern nicht so gerne zugeben. In der Schulzeit werden Kinder selbstständiger, sind weniger oft auf Hilfe angewiesen und bieten den Eltern schon auch manchmal die Stirn. Das alles ist noch gewöhnungsbedürftig, zumal die Eltern mit ins straffe Korsett der Schulpflicht gezwungen sind und das lässt sich nur ganz schlecht mit einer freien Alltagsgestaltung (Weckzeiten, Ferienpläne etc.) vereinbaren. Der Tag bekommt eine ganz neue Struktur – und wie an alle Veränderungen im Leben muss man sich daran erst einmal gewöhnen.

Was man erwartet – was man kriegt

Eltern sehen der Grundschulzeit ihrer Kinder nicht nur mit Vorbehalten entgegen, sondern auch mit hohen Erwartungen. Früher war das einmal anders, da kamen Kinder einfach so in die Schule, lernten einfach so das Schreiben und Lesen, gingen dann einfach so ohne viel Aufhebens auf die Haupt- oder Realschule oder aufs Gymnasium. Heute ist das anders, die schulische Laufbahn von Kindern wird sorgsam überwacht und beäugt. Noch mehr als zu jeder anderen Zeit wollen Eltern eine gute Grundschulzeit für ihre Kinder, damit sie eine entsprechende Schullaufbahn einschlagen können. Deshalb sind auch die Erwartungen an die Schule gestiegen.

Kontakt zu Lehrern knüpfen

Der Lehrer ist nicht der natürliche Feind des Schülers, sondern sollte sein Verbündeter sein. Im Idealfall arbeiten Lehrer und Eltern zusammen. Aber oft sehen beide Seiten das anders:

- Die Arbeit des Lehrers ist das Unterrichten. Wie jeder Arbeitnehmer hat er ein Interesse an einem stressfreien Arbeitsplatz. Zu seinen Aufgaben gehört es, allen Kindern, die er unterrichtet, gleichermaßen gerecht zu werden, keinen zu bevorzugen und keinen zu benachteiligen.
- Die Eltern haben jedoch ein berechtigtes Interesse daran, dass ihr Kind bestmöglich gefördert wird. Deshalb verlangen sie oft mehr vom Lehrer, als dieser im Rahmen seiner Arbeitszeit leisten kann (oder will).

Beide Positionen sind nachvollziehbar und solange man sich nicht auf einen Konsens zugunsten des Schülers einigen kann, wird es auch zu Konflikten kommen. Deshalb ist es so wichtig, schon in stressfreien Zeiten einen guten Kontakt zum Lehrer aufzubauen.

Was man allerdings kriegt, entspricht selten den Erwartungen. Man will mehr individuelle Förderung in kleinen Klassen und bekommt differenzierten Unterricht in riesigen Klassengemeinschaften. Man will angstfreies Lernen und muss doch mit anschauen, wie das Kind zunehmend unter Druck gerät. Der Übertritt in eine weiterführende Schulform wird zur elterlichen Chefsache erklärt und so ist von freiem Lernen und Entfalten der Begabungen bald schon keine Rede mehr. Jedes Kind ist anders, was auch bedeutet, dass jedes Kind einen anderen Entwicklungsrhythmus hat. Darauf nimmt die Schule oft zu wenig Rücksicht – und einmal im System gefangen, kennen auch die Eltern nur einen Weg – den Druck, die Erwartungshaltung. Wichtig ist es, diese Erwartungen nicht auf das Kind zu übertragen, aber das ist oft leichter gesagt als getan.

Auch Auftrag der Grundschule: Auslese

Die Arbeit der Grundschule basiert auf vier grundlegenden Prinzipien:

- Die Grundschule vermittelt **allen** Kindern grundlegende Bildung.
- Die Grundschule bietet differenzierten Unterricht, der auf die individuellen Voraussetzungen der Kinder eingeht.
- Gleichermaßen wird aber auch das gemeinsame Lernen gefördert.
- Die Grundschule bereitet die Kinder auf die Auslese am Ende der Grundschulzeit vor und trägt zur Auslese bei.

Insbesondere das vierte Prinzip ist eine schwere Altlast aus der Weimarer Republik, die den Grundschulen bis heute zu schaffen macht. Diese Hypothek ist in zweierlei Hinsicht belastend:
1. Sie verschärft das Notenproblem, weil diese als Maßstab der Anforderungen schon frühzeitig herangezogen werden müssen.

2. Sie fordert von Eltern und Lehrern eine (zu) frühe Prophezei-
ung über die richtige Schullaufbahn. (Oft eine Fehleinschätzung, wie sich aber erst später herausstellen wird.)

Der frühe Schulübertritt ist heute vielfach in der Kritik. Er
rührt daher, dass man damals dachte, im Alter von zehn Jahren
seien Kinder auf dem Höhepunkt ihrer Begabungsentwicklung
angelangt. Diese fatale Fehleinschätzung wurde bis heute – trotz
besseren Wissens – nicht korrigiert.

Weil nur wenige Eltern von diesem Auslese-Auftrag der Grundschule wissen, bedienen sich Schulleiter gern der Verschlei-
erungstaktik, um den dadurch entstehenden Druck von den
Kindern abzuwenden. Wie Ihr Kind mit der Schule klarkommt,
lässt sich jetzt, da es noch ganz am Anfang steht, noch nicht
vorhersagen. Versuchen Sie als Eltern, Ihre Erwartungen an die
Leistungen des Kindes zurückzuschrauben. Nur so kann es ganz
in Ruhe seinen eigenen Lernrhythmus finden.

Dass das Auslesesystem dringend einer Korrektur bedarf, steht
außerhalb jeglicher Diskussion. Nicht umsonst schneiden fast
alle anderen Länder im internationalen Vergleich besser ab.

Der Schulalltag kehrt ein

Die Erfahrung zeigt: Je besser die Erinnerungen an den ersten Schultag sind, desto motivierter werden die Kinder auch den zweiten, dritten und vierten Tag in der Schule bestreiten. Die Aufregung des Starts legt sich schnell und der Alltag kehrt ein. Ganz allmählich wird die Tragweite der neuen Lebensstruktur deutlich. Nichts bleibt, wie es ist und alles muss sich den veränderten Gegebenheiten anpassen. Schule am Morgen, Hausaufgaben am Nachmittag – freie Zeit gewinnt eine neue Qualität. Zu allem Überfluss geraten kleine Kinderseelen in Not: Der Umgang mit Sieg und Niederlage, mit Erfolg und Misserfolg muss erst noch gelernt werden.

Das Leben bekommt eine neue Struktur

Mit der Schulzeit beginnt für die Familien ein ganz neues Leben. Zunächst ist alles noch neu und spannend. Die ABC-Schützen brennen darauf, endlich rechnen, schreiben und lesen zu lernen. Randvoll mit Enthusiasmus starten sie in den Tag. Und der hat nun eine völlig neue, fest gefügte Struktur. Das Leben nach dem Lustprinzip hat erst einmal ein Ende – und welche Konsequenzen das hat, stellen alle Beteiligten schon ziemlich schnell fest. Die entspannte Vorfreude weicht der Routine – und die hat durchaus ein gutes Potential, denn sie gibt den Kindern Sicherheit. Durch einen geregelten Tagesablauf können sich Kinder besser an die neue Lebenssituation gewöhnen.

Gewohnheit schafft Geborgenheit.

Früh aufstehen – gut frühstücken

Je nach Schulbeginn (zwischen 7.30 und 8.00 Uhr) beginnt der Tag für die Grundschüler schon recht früh. Ausnahmen, so wie sie in der Kindergartenzeit möglich waren, gibt es nun nicht mehr. Für alle Familien ist diese Veränderung beim ersten Schulkind am schwierigsten.

Feststehende »Weckzeiten« ermöglichen einen entspannten Start in den Tag. Wichtig ist, Hektik zu vermeiden. Ein lustiger Wecker und noch ein bisschen Kuscheln im Bett mit Mutter oder Vater erleichtern selbst Langschläfern das frühe Aufstehen, deshalb lieber ein halbes Stündchen mehr einkalkulieren – auch wenn's schwerfällt.

Für die Schule ist es wichtig, morgens gut ausgeschlafen zu sein. Da die meisten Kinder in diesem Alter etwa 10 Stunden Schlaf brauchen, sollten sie auch entsprechend früh zu Bett gehen. Auch am Morgen vor der Schule brauchen die Kinder ausreichend Zeit. Aufstehen, anziehen, frühstücken – das alles sollte in Ruhe und ohne Zeitdruck ablaufen. Da in der Regel morgens auch alle

Familienmitglieder ins Bad müssen, ist ein gutes Zeitmanagement nötig, um alles stressfrei über die Bühne zu bekommen.

Als unter Umständen größtes Problem entpuppt sich das Frühstück am Morgen. Die Angst, zu spät in die Schule zu kommen, schlägt vielen Schülern gehörig auf den Magen. Und wenn Ihr Kind ein Morgenmuffel ist, hat es manchmal so früh einfach noch keinen Hunger. Aber das Frühstück auf die erste Pause in der Schule zu verlegen, ist keine Lösung. Mit einem Standardfrühstück sind viele Kinder nicht zufrieden, dabei ist es so wichtig, etwas im Magen zu haben, bevor man in die Schule geht. Ideal ist es, wenn Schulkinder gemeinsam mit den Eltern frühstücken können. Mit einem Müsli mit Obst, Milch und Saft z. B. starten die Kinder gut in den Tag.

Das gesunde Pausenbrot

Das zweite Frühstück in der Schulpause ist eine wertvolle Ergänzung, um gute Laune und Leistungsfähigkeit über die Unterrichtszeit zu garantieren. Am besten sind vollwertige Pausenbrote mit einer Extraportion Obst oder Gemüse, sowie ausreichend (ungesüßte) Getränke. In vielen Grundschulen ist es üblich, dass die Kinder am Beginn der Pause gemeinsam frühstücken, bevor sie auf den Pausenhof dürfen. Das ist eine gute Idee, denn sonst haben die meisten Grundschüler keine Zeit, ihr Pausenbrot zu verspeisen – toben scheint wichtiger.

Achten Sie auch darauf, dass für Abwechslung gesorgt ist, denn Kinder mögen zumeist nicht jeden Tag das Gleiche essen. Als Schulgetränk empfiehlt sich Mineralwasser.

Wenn einem jedoch am Morgen die Zeit zwischen den Fingern zerrinnt und das Frühstück im Stehen absolviert werden muss, dann ist das ein schlechter Start in den Tag. Manchmal hilft es, schon vor Schulbeginn das »Morgenprogramm« zu üben und die Abläufe zu perfektionieren. Dann hat man zumindest zum Schulbeginn schon Erfahrungswerte.

Der Stundenplan: Stillsitzen will gelernt sein

Im Vergleich zu weiterführenden Schulen haben Grundschulen einen geradezu geregelten Stundenplan. Oft vermissen die Eltern zwar eine strikte Unterteilung in einzelne Fächer, doch der so genannte Grundunterricht findet jeden Tag statt. Die Schulstunden, die vom Klassenlehrer abgehalten werden, fasst man unter diesem Begriff zusammen. Der Grundunterricht beinhaltet Rechnen, Schreiben, Lesen und Sachunterricht.

Ob man es als Erwachsener glauben will oder nicht: Stillsitzen ist für Kinder richtig harte Arbeit.

Der Stundenplan der ersten Klasse wird kontinuierlich aufgebaut. Erst sind es nur drei Schulstunden, dann vier, dann fünf und manchmal sogar auch sechs mal 45 Minuten täglich. So stolz die Kleinen auch auf den ersten Stundenplan sind, so schwer fällt es ihnen, diesen durchzuhalten.

Für Erstklässler bedeutet es bereits eine große Anstrengung, sich 15 bis 20 Minuten auf eine Sache zu konzentrieren. Denn: Kinder können sich gut konzentrieren und still sitzen, wenn sie etwas interessiert, aber wehe, wenn der Unterricht sie langweilt. Lehrer müssten das eigentlich wissen und viele von ihnen stellen die Unterrichtseinheiten auch darauf ab – aber eben nicht alle. Es gehört zu den wichtigsten Lernerfahrungen in der ersten Klasse, dass man stillsitzen muss, auch wenn einen das Thema nicht interessiert. Gerade für lebhafte Kinder ist das eine bittere Lektion, allerdings ist sie unvermeidbar.

Die Diskrepanz zwischen dem konzentrationsfähigen Kindergartenkind und dem quirligen Grundschüler ist oft besonders auffällig. Eltern fragen sich dann erstaunt, wie sie ihr Kind nur so falsch einschätzen konnten. Zur Beruhigung: Dass Kinder in der Schule eine neue Art der Konzentration lernen müssen (und damit manchmal erst Probleme haben) ist normal.

Kinder haben sitzen, krabbeln und laufen gelernt, ohne dass ihnen das jemand explizit beigebracht hätte. Sie haben Grob- und Feinmotorik entwickelt, ohne je eine Unterrichtsstunde besucht zu haben. Sie haben Fertigkeiten entdeckt und perfektioniert, nur um ihr Bedürfnis nach neuen Erfahrungen zu stillen. Sie haben ausprobiert, gefragt, geübt und experimentiert, um sich weiterzuentwickeln. Dafür brauchten sie keinen Lehrplan und keine Lehrer – und Fehler haben sich vielleicht in blauen Flecken dokumentiert, wurden aber nicht mit dem Rotstift unterkringelt. Lernen vor der Schule war Lust, Lernen in der Schule ist für viele Kinder erstmal »Last«.

Der Übergang vom selbstbestimmten Lernen zum organisierten Lernen, vom lustvollen Tun zum »erledigen müssen«, braucht Zeit.

Der Nachmittag: Ohne Plan genießen

In aller Regel ist die Grundschule hierzulande (noch) eine Halbtagsschule. Das bedeutet für Grundschüler, dass der Unterricht spätestens um 13 Uhr endet. Und dann? Nach Schulschluss trennen sich die Wege der Schulkameraden: Die einen gehen nach Hause, die anderen in eine Mittagsbetreuung und wieder andere in den Hort. Kinder, die sich nach Schulschluss auf den Heimweg machen, können ihre Freizeit ohne Plan genießen. Das ist gut, weil Schule ziemlich anstrengend ist und man Zeit zur Erholung braucht. Das ist schlecht, weil gelangweilte Kinder ohne Plan durch den Nachmittag trödeln.
Eine gute Bildung ist wichtig für die Zukunft der Kinder, deshalb wollen viele Eltern ihren Kindern auch am Nachmittag noch das Lernen schmackhaft machen. Ein vielfältiges Freizeitangebot macht das leicht, allerdings sind viele Schulanfänger damit rasch überfordert. Schule ist – wie gesagt – sehr anstrengend und anstatt von einem Nachmittagstermin zum nächsten zu hetzen, brauchen die Kinder auch Erholung. Das bedeutet im Zweifelsfall einfach nichts tun und sich entspannen. Sich mit Freunden zu treffen oder einfach nur spielen, das alles sollte man als Eltern

ebenso wichtig nehmen wie die eigene Freizeitgestaltung.
Solche Probleme haben berufstätige Eltern, deren Kinder nachmittags eine Mittagsbetreuung oder einen Hort besuchen, in
der Regel nicht. Ein schlechtes Gewissen müssen sie allerdings
auch nicht haben, denn in den Ganztagesbetreuungen fehlt es an
nichts. Das bisschen Freizeit, das noch übrig bleibt, sollte man
dann allerdings nicht mit Terminen zupflastern. Musikunterricht
hier, Sportverein da – nicht alle Kinder halten solch einem Ter-
minplan auf Dauer stand.

Den Tag routiniert ausklingen lassen

Gerade am Anfang der Schulzeit sind die Kinder oft »erschla-
gen« von all den neuen Eindrücken, die an jedem neuen Schultag auf sie einprasseln. Wichtig ist es deshalb, am Abend kein
aufregendes Programm mehr zu bieten. Sorgen Sie dafür, dass es
für Ihre Kinder ausreichend Gelegenheit gibt, über ihre Erfahrungen zu sprechen. Spätestens vor dem Einschlafen sollten sich
die Kleinen alles von der Seele geredet haben. Je nachdem, wann
es morgens wieder losgeht, sollte man für eine feste Bettgehzeit
sorgen.

Die neue Freiheit üben

Mit dem Prinzip der »langen Leine« entlassen Sie Ihr Kind Schritt für Schritt in die Selbstständigkeit.

Mit ein wenig Routine werden aus den unsicheren ABC-
Schützen schnell »alte Hasen«. Die neue Freiheit, die sie nun
genießen, wirkt sich positiv auf das Selbstbewusstsein aus und
damit werden die Kinder rasch selbstständiger. Für die Eltern
ist es bald Zeit loszulassen und zu akzeptieren, dass die Kinder
durchaus in der Lage sind, ein Eigenleben zu führen.

Schulweg: Schulanfänger = Verkehrsanfänger

Den größten Schritt in die Selbstständigkeit machen Kinder auf
dem Schulweg. Einige Schulanfänger werden dabei von ihren Eltern begleitet, andere wiederum müssen den Weg von Anfang an
allein bewältigen. Spätestens nach einem halben Jahr sind jedoch
alle in der Lage, den Weg ohne elterliche Hilfe alleine zu gehen.
Weil Schulanfänger immer auch Verkehrsanfänger sind, müssen
sie auf die Gefahren des Straßenverkehrs gründlich vorbereitet werden. Das richtige Verhalten als Fußgänger muss geübt
werden. Fast alle Grundschulen halten vorgefertigte Pläne mit
dem besten Schulweg für die ABC-Schützen bereit. Diese Strecke
sollten Eltern öfter gemeinsam mit den Kindern gehen und sie
auf mögliche Risiken (z. B. das Überqueren von Straßen) und
Gefahrenquellen (z. B. Toreinfahrten) aufmerksam machen.
Fünf- bis sechsjährige Kinder haben einen anderen Blick für
die Dinge am Wegesrand und auch ihr Gefahrenbewusstsein ist
noch ein anderes. So können sie z. B. schlecht abschätzen, wie
schnell sich ein Auto nähert. Auch die Körpergröße spielt bei
der Einschätzung der Verkehrslage eine wichtige Rolle. Zudem
sind Verkehrsregeln zumeist langweilig und da Kinder am besten
durch praktische Erfahrung lernen, müssen die Regeln erst einmal verinnerlicht werden, bevor man die Kleinen allein auf den
Weg schickt.
Es stellt sich natürlich bei besorgten Eltern die Frage ein, ob das
nicht alles viel zu unsicher ist und man nicht doch besser die
Kinder zur Schule bringt. Von dauerhaften Fahrdiensten raten
Experten allerdings ab, nichts ist wichtiger, als den Schulweg
allein zu bewältigen. Mehr Sicherheit und Spaß bringt es, wenn
das gemeinsam mit anderen Grundschülern geschieht. Anfangs
können sich ja die Eltern der Klassenkameraden untereinander
abwechseln, bis die Truppe schließlich gemeinsam loszieht.
Das Fahrrad ist allerdings kein geeignetes Transportmittel für
Erstklässler. Nicht nur weil die Unfallstatistiken eine eindeutige

Üben Sie mit Ihrem Kind den Weg zur Schule.

Gut ist es, wenn die Straßenkreuzungen noch durch Schülerlotsen gesichert werden.

Sprache sprechen, sondern auch, weil die Kinder auf Fahrrädern noch viel zu unsicher sind. Durch die Schultasche entstehen ganz neue Gleichgewichtsanforderungen. In der Regel dürfen Grundschüler erst nach bestandener Fahrradprüfung in der vierten Grundschulklasse den Weg zur Schule mit dem Rad bewältigen. Dabei ist ein Helm natürlich Pflicht.

Mit dem Bus zur Schule

Wenn die Entfernung zur Grundschule mehr als zwei Kilometer beträgt, kommt ein (Schul-)Bus zum Einsatz. Jedes Kind, dessen Schulweg so weit ist, hat ein Recht auf öffentliche Beförderung. Bei dieser Variante gilt es jedoch, einige Regeln zu beachten:

- Ohne Stress zum Bus – wer unter Zeitdruck zur Bushaltestelle hetzt, achtet nicht sorgfältig genug auf den Verkehr. Deshalb besser früher losgehen.
- An der Bushaltestelle sollte nicht gerauft, getobt oder herumgesprungen werden.
- Mindestens einen Meter Abstand zum heranfahrenden Bus halten.
- Immer warten, bis der Bus angehalten hat. Nie vor oder hinter dem Bus herumlaufen.
- Beim Ein- und Aussteigen nicht drängeln. Die Gefahr, dass ein Kind stolpert und von den anderen überrannt wird, ist groß.
- Nicht gegen die Bustür drücken, dann blockiert diese und öffnet sich gar nicht.
- Während der Fahrt am besten ruhig auf einem Platz sitzen bleiben (wenn man einen hat) und nicht herumlaufen. Alternativ gut festhalten, weil der Bus unter Umständen bremsen muss.

- Essen und Trinken sowie der Gebrauch von Handys ist in Bussen nicht erlaubt. Vor allem Glasflaschen sollten nicht im Schülergepäck sein.

Das Fahren mit öffentlichen Verkehrsmitteln sollte geübt werden, bei Schulbussen ist das ähnlich. Es ist gut nachzuvollziehen, dass Eltern dem Bustransport zur Schule mit gemischten Gefühlen entgegensehen. Was die Verkehrssicherheit angeht, haben diese leider wirklich keinen guten Ruf. Vor allem überfüllte Transportmittel bergen große Risiken. Sprechen Sie darüber mit der Schulleitung bzw. den zuständigen Behörden.

Schultaschen nicht auf freien Plätzen, sondern auf dem Boden abstellen.

Pausenhof: von braven Mädchen und wilden Jungs

Der Pausenhof ist elternfreie Zone. Was dort geschieht, können sich Erwachsene nur erzählen lassen, erfahren werden sie allerdings nie die ganze Wahrheit. In der Pause werden all die Emotionen ausgelebt, für die im Klassenzimmer kein Platz ist. Gut ist es, wenn die Schüler in den Pausen einen Bewegungsausgleich zum Stillsitzen finden. Doch oft genug sind die Pausenspiele ganz anderer Natur: Es gibt Grüppchen und Einzelgänger, Pausenbrotesser und Flaschenkinder, es gibt Aggressionen und Rangeleien – und wer petzt, der hat die Spielregeln nicht verstanden.

Nicht immer ist es so, dass die Mädchen brav und die Jungs wild sind, manchmal ist es auch genau umgekehrt. Doch die Geschlechter-Differenzierung funktioniert auf dem Pausenhof noch wie eh und je. Viele Schulanfänger empfinden die Pausen keineswegs als schönsten Teil des Schultags. Manche sind froh, wenn die Glocke klingelt und sie wieder zurück in den sicheren Hort des Klassenzimmers dürfen. An den vielfältigen Gründen können auch die Pausenaufsichten durch das Lehrpersonal wenig ändern, allerdings sollte man sein Kind stets ermuntern, über seine Erfahrungen zu berichten und ihm Hilfe anbieten, wenn es nötig ist.

Hausaufgaben: Pflicht ohne Kür

Die Gestaltung des Nachmittags ist wie bereits erwähnt individuell verschieden, einziger gemeinsamer Fixpunkt sind die Hausaufgaben.

Geht das Kind nach der Schule nach Hause, so sind es überwiegend die Mütter, die sich darum kümmern. Kümmern bedeutet in erster Linie, daran erinnern, denn nicht selten blenden die Grundschüler diese Pflichtübungen gerne aus. Zugegeben, gäbe es keine Hausaufgaben, so wären die Mütter sicher nicht allzu traurig darüber, denn diese schieben sie automatisch in eine Hilfslehrerfunktion, die alles andere als dankbar ist. Den Krisenherd am heimischen Esstisch (denn da machen die meisten Grundschüler ihre Hausaufgaben) sollte man abschaffen, fordern deshalb viele Schüler und Eltern. Hauptargumente der Kritiker: Es sind oft zu viele Aufgaben und die meisten werden noch nicht einmal korrigiert. Mit der Überforderung steigt die Fehlerquote und ohne Kontrolle gibt es keinen Lerneffekt.

Hausaufgaben sollten das selbstständige Arbeiten fördern.

Deshalb fällt es den Eltern auch so schwer, sich da rauszuhalten. Hat das Kind etwas nicht verstanden und kann die Aufgaben deshalb nicht alleine lösen, traut es sich nicht, das gegenüber dem Lehrer zuzugeben – also müssen die Eltern ran und das Versäumte nachholen.

Ganz anders sieht das an einer Ganztagsschule aus: Wie der Vormittag, so ist auch der Nachmittag in ein strenges Zeitkorsett gepresst, der wenig Spielraum lässt. Der Vorteil daran ist, dass die Hausaufgaben nicht ins häusliche Umfeld verlagert werden und somit die Selbstständigkeit von Anfang an gefördert wird. Mittagsbetreuungen und Horte versuchen den Schülern Freizeit-

aktivitäten und Entspannungsphasen zu bieten, ein Ersatz für
erholsame Langeweile zu Hause ist das allerdings nicht.

Schreiben ist Fingerübung

Das wichtigste Handwerkszeug in der ersten Klasse sind
Bleistift (später auch Füller) und Papier. Damit Kinder mit
diesem »Werkzeug« richtig umgehen können, müssen sie
Fingerfertigkeit beweisen. Nur eine gut trainierte Feinmotorik erlaubt es von Anfang an, Striche und Bögen in den
vorgedruckten Linien exakt zu platzieren.

In der ersten Klasse haben die Arbeitshefte noch zahlreiche Hilfslinien, die das Platzangebot festlegen, auch
die Kästchen der Rechenhefte sind noch verhältnismäßig
groß. Kinder, die Probleme mit der Feinmotorik haben,
müssen sich mehr anstrengen und haben größere Schwierigkeiten, um schön zu schreiben. Ihre Bögen sind oft
nicht rund, sondern eckig, die Linien sind nicht gerade,
sondern krumm.

Für diese Krakelschrift und das Übermalen der Hilfslinien
ernten sie kein Lob, sondern schämen sich gegenüber dem
Lehrer und den Klassenkameraden – und das führt zu einer noch stärker verkrampften Schreibhaltung. Je häufiger
das Kind für seine Schrift gerügt wird, desto schlechter
wird das Schriftbild. Ein Teufelskreis beginnt.

Besser ist es, fein-motorischen Defiziten schon frühzeitig
mit Bastelangeboten und grafo-motorischen (schreibtech-
nischen) Übungen entgegenzutreten. Auch eine Ergotherapie kann helfen.

Der Lernstoff

In erster Linie lernen Kinder in der Grundschule das Lesen, Schreiben und Rechnen. Sie werden sozusagen mit dem Handwerkszeug ausgestattet, das weiterführende Bildung überhaupt erst möglich macht. Doch die Lerninhalte beschränken sich keineswegs auf diese drei grundlegenden Säulen. Im Fach Deutsch wird nicht nur gelesen und geschrieben, auch Rechtschreibung (und Grammatik) und Gesprächsführung stehen im Lehrplan. Beim Rechnen wird zudem der Umgang mit geometrischen Figuren und Maßeinheiten geübt. Und dann gibt es natürlich auch noch andere Fächer wie Religion, Sport, Musik, Kunst oder Fremdsprachen.

Die Schüler haben ein großes Lernpensum vor sich.

Das Lernpensum ist im Lehrplan festgeschrieben – und der ist von Bundesland zu Bundesland unterschiedlich. Interessierte Eltern können bei der Schule die offiziellen Lehrpläne einsehen oder sie sich auszugsweise aus dem Internet herunterladen. Bei der Lektüre stellt man fest, dass die Vorgaben recht allgemein und unverbindlich formuliert sind. Aus diesen Rahmenplänen erarbeitet das Lehrerkollegium der jeweiligen Schule schuleigene Lehrpläne für die jeweilige Klassenstufe. Dabei versucht man einerseits die staatlichen Bildungsvorgaben zu erfüllen und diese andererseits mit den Gegebenheiten der Schule und den vorhandenen Lehrbüchern abzugleichen.

Bei allen individuellen Unterschieden haben doch alle Schulen eine gemeinsame Zielvorgabe. In einem Lernzeitraum von zwei Schuljahren müssen die Kinder mit allen Buchstaben in Druck- und Schreibschrift vertraut sein; sie müssen besonders häufige und wichtige Wörter richtig schreiben, sowie einen kleinen Text formulieren können. Zudem müssen sie mit dem kleinen Einmaleins rechnen und die vier Grundrechenarten im Zahlenraum bis Tausend, später bis zu einer Million beherrschen. Aber es ist immer nicht nur eine Frage das Lernstoffs, sondern auch der Lehrmethode, die Eltern verblüfft. Wie Kindern das Lesen, Schreiben und Rechnen beigebracht wird, ist nicht nur von Bundesland zu Bundesland unterschiedlich, sondern ändert sich noch dazu fast jedes Jahr. Über die aktuellen Vorgaben informiert man sich am besten im Internet (Adresse im Anhang, Stichwort »Bildungsserver«). Unterm Strich ist es aber noch eine ganze Menge mehr, was Kinder in den ersten Schuljahren lernen müssen.

Was Kinder auch noch lernen müssen

Zuhören können und andere ausreden lassen, Aufgaben zügig bearbeiten und mit Klassenkameraden gemeinsam an einer Lösung tüfteln – es gibt viele Fähigkeiten, die man für die Schule braucht, die einem aber niemand explizit beibringt. Manche Kinder bringen diese Fähigkeiten mit, wenn sie in die Schule kommen. Sie haben zu Hause das Rüstzeug des Lernens mitbekommen. Andere Kinder wieder haben keine solchen Erfahrungen sammeln können und müssen das mit der Einschulung nachholen. Aber auch wer die Grundlagen sozialen Handelns und eine gute Arbeitseinstellung schon in die Schule mitbringt, muss noch einiges dazulernen:

1. Selbstständigkeit – in Bezug auf die Arbeitseinstellung bedeutet das, dass das Kind seine »Schularbeit« selbst organisieren kann. Das kann es selbst bei besten Voraussetzungen nicht von einem Tag zum anderen. Wichtigste Voraussetzung für Selbstständigkeit sind Ausdauer und Kontinuität. Das Kind bleibt ohne Drängen von außen (Eltern oder Lehrern) konzentriert bei der Sache, weiß, wie es an Aufgaben herangehen muss, und hat alle notwendigen Hilfsmittel bei der Hand.

2. Verlässlichkeit lässt sich schon leichter bewerkstelligen, weil es Grundschulkinder gibt, die von Natur aus zuverlässig sind. Ihre Schultasche ist ordentlich gepackt, ihre Arbeiten sind übersichtlich und sauber erledigt. Die Kinder sind hilfsbereit und auf ihr Wort kann man sich verlassen.

3. **Leistungsbereitschaft** ist am ersten Schultag bei den meisten Kindern sehr ausgeprägt, doch diese Eigenschaft lässt manchmal spürbar nach, wenn – aus der Sicht der Kinder – nicht immer alles nach Plan läuft. Doch gerade hier fängt Leistungsbereitschaft im schulischen Sinne an: Sich nicht entmutigen lassen, wenn etwas nicht nach Plan läuft, gewissenhaft mitarbeiten, auch wenn es dafür mal kein extra Lob gibt.

4. **Kooperationsfähigkeit** ist für viele Kinder ein »Fremdwort«. Viele Grundschüler sind zu Beginn sehr ichbezogen und stellen den persönlichen Erfolg vor den Erfolg der Gruppe. Anderen helfen, aber auch andere um Hilfe bitten – das fällt anfangs noch recht schwer.

5. **Produktivität** ist nicht immer von Anfang an gegeben, doch zumindest eine gesunde Basis – nämlich die Neugier – bringen die meisten Kinder mit. Wer neugierig ist und mehr wissen will, der stellt Fragen oder sucht eigenständig Lösungen zu interessanten Fragestellungen.

Den hohen Ansprüchen stets gerecht zu werden, ist ohnehin unmöglich.

6. **Kritikfähigkeit** ist eine Eigenschaft, mit der sich selbst Erwachsene manchmal schwer tun – und in der Schule muss man zwangsläufig lernen, mit Kritik und Konflikten umzugehen. Eine gute Basis ist geschaffen, wenn das Kind lernt, seine eigene Meinung zu vertreten und zu begründen. Im Gegenzug muss es aber auch so tolerant sein, die Meinung anderer zu akzeptieren.

Nun ist es selten so, dass ein Kind alle gewünschten Fähigkeiten auf sich vereint. Jeder Mensch hat Stärken und Schwächen – und jedes Kind ist anders.

Doch wenn Schule und Elternhaus zusammenarbeiten, macht man es den Kindern leichter, nötiges Sozial- und Arbeitsverhalten zu erlernen.

Lernen will gelernt sein

Lernen kann man lernen, denn jeder Mensch ist von Natur aus neugierig. Um also Lernfähigkeit zu entwickeln, müssen nur die Neugier gefördert und Gelegenheiten für Neugier geschaffen werden. Solche »Lernanlässe« gibt es in der Grundschulzeit erfahrungsgemäß viele und es braucht im Wesentlichen Zeit und Geduld, damit jedes Kind sein persönliches Lernkonzept daraus entwickeln kann. Die Basis stellen Motivation, Konzentration und Gedächtnisleistungen dar, gelernt werden müssen zusätzlich Lernstrategien und Selbstorganisation. Um das Lernen zu lernen, braucht ein Kind Mut und Selbstvertrauen – und realistische Ziele. Gerade jüngeren Schulkindern mangelt es nicht an Mut und Selbstvertrauen. Im Gegenteil: Sie leiden eher unter einer Selbstüberschätzung, was zwangsläufig übersteigerte Ziele zur Folge hat. Wer sich aber zu hohe Ziele steckt und dann Misserfolge erntet, wird unsanft auf den Boden der Tatsachen heruntergeholt. Nun darf aber der Mut nicht verloren gehen oder – noch schlimmer – die Angst das Handeln bestimmen. Dafür müssen aber die Ziele realistischer werden.

Unter dem Stichwort »das Lernen lernen« findet man ganz unterschiedliche Ansätze, ihnen allen gemein ist aber das Ziel: Lernen eigenverantwortlich und selbstständig zu organisieren. Doch dahin ist es oft ein weiter Weg, vor allem dann, wenn die Kinder gerade erst in die Schule gekommen sind.

»Das Lernen lernen« bedeutet deshalb für die Eltern von Erstklässlern in erster Linie, das Abdriften in ein »falsches Lernverhalten« zu vermeiden. »Falsch«, aber dennoch weit verbreitet, ist die Einstellung, dass Wissen zielgerichtet und auf den Punkt gebracht vermittelt wird. Die Schüler wollen dann keine tiefgründigen Erklärungen mehr oder gar die Zusammenhänge begreifen, sie wollen nur kurze und prägnante Antworten auf anstehende Fragen haben. Die Gefahr dieses »auf den Punkt Lernens« ist relativ groß, denn auch in den kleinen Tests und später

Die meisten Kinder entwickeln bald eine gesunde Erwartungshaltung, die Erfolge machbar erscheinen lässt.

den Klassenarbeiten werden prägnante Antworten auf Fragen erwartet und eben keine weitschweifigen Zusammenhänge.

Es verwundert kaum, dass schon bei vielen Schulanfängern relativ schnell Langeweile einsetzt, weil die natürliche Neugier und Begeisterung ausgebremst wird. Dem gilt es entgegenzusteuern und dabei müssen Eltern und Lehrer an einem Strang ziehen.

Aus kleinen Wissenshäppchen knüpft sich schon bald ein tragfähiges Netzwerk an Informationen.

Nachhilfe am Küchentisch?

Sinnvolle Hausaufgaben, also solche, die die Kinder allein bewältigen können, sind selten. Schnell entwickelt sich die Hausaufgabensituation zur häuslichen Nachhilfe am Küchentisch. Nicht immer wird die elterliche Unterstützung aber dankbar angenommen; in den meisten Fällen entwickelt sich daraus ein regelrechter Machtkampf. Allen Eltern kann man dann nur raten, sich nicht zu sehr zu engagieren, sondern besser mit dem Kind im Gespräch zu bleiben. Ganz praktisch kann das so aussehen: Kommt das Kind aus der Schule und ist bereit, seine Hausaufgaben zu machen, schaut man sich gemeinsam alle Hefte und Ordner an, die an diesem Schultag zum Einsatz kamen. Pro Fach reichen zwei bis drei Minuten, in denen man ins Heft schaut und sich kurz erklären lässt, was heute in der Schule gemacht wurde. Die Reflexion ist Lernen genug, um den Stoff mit mehr Sicherheit auch am nächsten Tag abrufbereit zu haben.

Fordern Sie Ihr Kind darüber hinaus auf, sich den Stoff nochmals vor Beginn der jeweiligen Schulstunde anzuschauen. Ein kurzer Blick befördert dann die benötigten Informationen wieder ins Kurzzeitgedächtnis, wo man sie schnell abrufen kann.

In kleine Schritte aufgeteilt, ist Lernen weniger anstrengend, aber dafür umso erfolgreicher.

Neugier nach Stundenplan

Manche Eltern fragen sich verwundert, wo bloß dieses neugie-
rige Kleinkind geblieben ist, das so unbedingt den Sandkasten
gegen die Schulbank eintauschen wollte. Die Veränderung setzt
ein, wenn aus dem »lernen wollen« ein »belehrt werden« wird.
Böse Zungen behaupten gar, dass, wenn man frühkindliche
Lernprozesse in die Schule verlegen würde, zahlreiche Laufblo-
ckaden und Sprechverweigerer produziert würden.
Zur Lernentwicklung in der Grundschule hat auch die Hirnforschung etwas beizutragen:

- Die Konzentrationsspanne eines Erstklässlers liegt bei etwa
  zehn Minuten. Danach müssen die Akkus erst einmal wieder
  aufgeladen werden – am besten durch Bewegung.
- Die in der Schule geforderte Aufmerksamkeit empfinden Kinder als sehr anstrengend und mühsam. Das ist sie auch, weil
  dafür im Gehirn eine Vielzahl unterschiedlicher Vernetzungen
  benötigt wird. Doch in diesem Fall macht Übung den Meis-
  ter, denn was zunächst schwer und mühsam ist, wird mit der
  Zeit immer leichter und müheloser bewältigt.
- Essentiell für erfolgreiches Lernen sind positive Erfahrungen.
  Alles, was das Selbstbewusstsein stärkt und als Erfolg
  verbucht werden kann, regt auch die Produktion von Bo-
  tenstoffen im Gehirn (so genannten Neurotransmittern) an.
  Je mehr Botenstoffe im Gehirn zur Verfügung stehen, desto
  besser wird das Gelernte verarbeitet und gespeichert.
- Stress beim Lernen löst genau die gegensätzliche Reaktion
  aus, die Neurotransmitter-Produktion wird gedrosselt und
  weniger Gelerntes kann abgespeichert werden. Das Ergebnis
  sind Lernblockaden.
- Schulisches Lernen ist besonders erfolgreich, wenn die Lehrer
  immer neue Zugänge zum Stoff schaffen. Noch besser ist es
  natürlich, wenn diese Begeisterungsfähigkeit vom Schüler
  selbst kommt.

Vorschulkinder lernen, ohne darüber nachzudenken oder sich um Fehler zu sorgen.

Zum Allgemeinen noch das Besondere: Jungen und Mädchen lernen durchaus unterschiedlich. Zum einen sind Jungs immer etwas »später« dran als Mädchen. Jungen sind bewegungsaktiver als Mädchen und handeln oftmals auch unüberlegter. Das bedeutet, Jungen erledigen Aufgaben rasch und schauen dann, was dabei herauskommt. Mädchen hingegen wollen erst wissen, worum es geht, bevor sie eine Strategie entwickeln, wie sich das Problem lösen lässt. Verallgemeinern lassen sich solche Erkenntnisse jedoch nicht.

Ohne Lesen kein Lernen

Grundvoraussetzung fürs Lernen ist das Lesen. Und Lesen kann man nur durch Lesen lernen. Übung ist also das Zauberwort – und am besten übt man in einem »lesefreundlichen« Umfeld. Informationen kann ein Kind besser herausfiltern und abspeichern, wenn es Worte und Texte laut vorliest. Hören Sie Ihrem Kind dabei zu und ermuntern Sie es, das Gelesene in eigenen Worten wiederzugeben. Besprechen Sie dann auch mit dem Kind, welcher Sinn sich hinter den Worten verbirgt und welchen Nutzen es unter Umständen daraus ziehen kann.

Wer gerne liest, hat den wichtigsten Grundstein fürs Lernen bereits gelegt.

Kinder, die gerne und auch viel lesen, tun sich in allen Bereichen der Schule leichter.

Am richtigen Lesen und Verstehen hängt das richtige Schreiben – und in der Mathematik muss ebenfalls erst einmal viel gelesen werden (z. B. Textaufgaben), bevor man die Aufgaben lösen kann.

Schule ist harte Arbeit

Für Kinder ist ein Vormittag in der Schule richtig anspruchsvoll. Nie wieder lernen sie in so kurzer Zeit so viel Neues – und müssen so viel lernen, was sie ad hoc nicht sonderlich interessiert.

Der tiefere Sinn und Nutzen offenbart sich erst mit den Jahren und die Zeit bis zu dieser Erkenntnis zu überbrücken, ist manchmal ebenso anstrengend.

Verschlimmert wird die Situation oft noch dadurch, dass Kinder Angst haben, das gesteckte Ziel nicht zu erreichen. Angstfreies Lernen ist (leider oft) eine Illusion. Selbst wenn es Eltern gelingt, die eigenen Erwartungen so weit wie möglich zurückzustellen, bleiben doch die Erwartungen der Lehrer, die die Kinder häufig überfordern. Eltern finden sich dann oft im Zwiespalt zwischen nötiger Einmischung und überfürsorglicher Beschützerrolle. Wichtig für das Kind ist es zu wissen, dass seine Eltern seine Verbündeten sind. Sie müssen sich darauf verlassen können, dass zu Hause der ruhende Pol ist, wo sie Kraft und Selbstbewusstsein tanken können, um den anstrengenden Schulalltag zu meistern.

Selbstvertrauen ist die einzige »Waffe«, die besorgte Eltern ihren Kindern mitgeben können.

Der Erfolg und der Frust

Schulischer Erfolg ist wichtig – keine Frage. Doch dass man dem Schulerfolg von Anfang an so hohe Bedeutung beimisst, das ist neu. Auch wenn in den ersten beiden Grundschulklassen auf Noten verzichtet wird, so gibt es zahlreiche andere Methoden, mit denen Leistung erhoben und bewertet wird. Lehrer verteilen Haken und Sternchen, malen lachende oder traurige Gesichter unter Schülerarbeiten und bringen so Anerkennung oder Missfallen zum Ausdruck. Es findet also durchaus eine Bewertung statt. Ob diese nun in Form von Sternchen oder Noten geschieht, macht für die jungen Schüler quasi keinen Unterschied. Sie sind stolz darauf, wenn sie ihre ersten Zeilen geschrieben haben, und nehmen es sich sehr zu Herzen, wenn sie dafür eben kein lobendes Zeichen ernten. Ein trauriges Gesicht unter dem Text suggeriert den Kleinen überdeutlich: »Da ist jemand traurig« und schlussfolgern daraus »Wenn ich etwas falsch mache, mache ich jemanden traurig«. Das kann die Freude über erste Erfolge schnell vermiesen und führt fast zwangsläufig zu Frust.

Mit Niederlagen umgehen lernen

Vorschulkinder sind in der Regel selbstbewusste kleine Menschen, die ganz unerschütterlich an sich selbst und ihre Fähigkeiten glauben. Das positive Selbstbild gerät allerdings in der Schule schnell ins Wanken, denn nicht alles, was gelernt werden muss, kann man sofort erfolgreich umsetzen. Die Welt des Erstklässlers hat in vielerlei Hinsicht noch Grenzen. Und an diese Grenzen stoßen kleine Schulpioniere ziemlich schnell.

Neben ersten Erfolgen kommt es auch zu Niederlagen. Es sind die kleinen Nadelstiche der Kritik, die unbeschwerte Kinderseelen schwer belasten. Den Umgang mit Niederlagen muss man **Niederlagen machen** erst lernen und weil junge Kinder noch nicht sehr kritikfähig **Kindern Stress.** sind, fällt es ihnen entsprechend schwer einzusehen, dass sie nicht immer erfolgreich sein können. Ihre persönliche Leistung wird an der Leistung anderer (Mitschüler) gemessen und dementsprechend bewertet.

Nur selbstbewusste Kinder können angstfrei an neue, schwierige Aufgaben herangehen, weil sie wissen, dass sie nicht nur an ihren schulischen Leistungen gemessen werden.

Sorgen Sie dafür, dass die Schule mit ihren Verpflichtungen nicht allein bestimmendes Thema wird. Lenken Sie beispielsweise in abendlichen Gesprächsritualen den Blick Ihres Kindes auf die schönen Dinge des Tages. Fragen Sie also nicht, was das Schlimmste an diesem Tag war, sondern was als besonders schön erlebt wurde. Heben Sie in diesen Gesprächen Leistungen und Ereignisse hervor, die nichts mit der Schule zu tun haben, und die es persönlich als gut und schön empfunden hat. So lernen Kinder, Stress mit angenehmen Gedanken zu begegnen.

Die Not mit den Noten

Vor einigen Jahren schon wurden die Noten (von 1 bis 6) in den ersten beiden Jahrgangsstufen abgeschafft und durch so genannte Wortgutachten ersetzt. Für Eltern (und für viele Kinder) macht das die Sache nicht leichter, denn was geleistet wurde, muss auch bewertet werden – wie auch immer.

Es gibt lachende und traurige Gesichter, unterschiedliche Stempel und ausführliche Textbemerkungen des Lehrers unter den Arbeiten des Kindes. Manchen Eltern erscheint die verniedlichte »Notengebung« zu Recht ein bisschen wie ein Rabattmarkensystem – zehn lachende Gesichter = einmal Hausaufgaben frei (oder so ähnlich).

Neben der sehr subtilen Botschaft über den Gemütszustand des Lehrers erfahren Kinder dadurch auch schon etwas über das Leistungsprinzip: Wer vieles zum Wohlgefallen des Lehrers macht, der hat dadurch nur Vorteile. Das kann entmutigend sein.

Geschriebene Kommentare nie sofort dem Kind laut vorlesen, sondern immer erst die Wirkung der Worte bedenken!

Wichtig: ganz viel Lob von den Eltern

Jedes Kind braucht für seine schulischen Leistungen Lob und Bestätigung. Wenn das nur indirekt von der Lehrkraft kommt, müssen Eltern zu Hause nachbessern. Das bedeutet, die schulischen Leistungen nicht in den Mittelpunkt zu rücken, sondern Ausgleich und positive Bestätigung auf anderem Gebiet anzubieten.

Ganz wichtig ist es dabei, den Kindern Zeit zu geben und Geduld entgegenzubringen, damit sie in Ruhe ihren eigenen Lernrhythmus finden können.

Talentförderung: Jedes Kind ist vielfältig begabt

Als »Begabung« bezeichnet man die angeborene Fähigkeit, auf einem speziellen Gebiet etwas Besonderes oder Hervorragendes zu leisten. Im deutschen Sprachgebrauch wird Begabung oft gleichgesetzt mit Talent. Bei beiden Begriffen setzt man eine genetische Veranlagung voraus, die einen Menschen mit besonderem Talent vom Durchschnitt abhebt. Aber schlussendlich ist es gleich, ob man es Begabung oder Talent nennt, beides verkümmert, wenn es nicht gefördert wird.

Die Förderung besonderer Fähigkeiten ist wichtig!

Die verschiedenen Begabungsformen

Die Wissenschaft unterscheidet Begabungen ganz grob in:

- Die *musisch-künstlerische Begabung*, die ein Kind befähigt – bei entsprechender Förderung – in diesen Bereichen hervorragende Leistungen zu vollbringen. Diese Begabungsform ist relativ leicht auszumachen, weil diese Kinder schnell ein Instrument erlernen oder tolle Bilder malen.
- Die *psychomotorische Begabung* zeigt sich bei Kindern, die körperlich gewandt und geschickt sind. Sie zeigen oft sportliches Talent, sind aber auch feinmotorisch begabt.
- Die *soziale Begabung* wird weniger erkannt und gewürdigt und doch ist sie eine besondere Gabe, denn nicht jeder kann gut mit anderen Menschen umgehen, sich einfühlen und zuhören. Soziale Begabung wird vielfach auch als emotionale Intelligenz bezeichnet.
- Die *intellektuelle Begabung* zeichnet Kinder mit einem raschen Auffassungsvermögen aus. Diese Kinder sind vielfältig interessiert und durchschauen Fragestellungen und Aufgaben oft schneller als andere. Diese intellektuelle Begabung wird häufig mit hoher Intelligenz gleichgesetzt und scheint deshalb erstrebenswert.

Talent allein nutzt jedoch dem Kind wenig, Begabung muss gefördert und entwickelt werden. Sportliche oder künstlerisch begabte Kinder finden im Freizeitbereich oft vielfältige Angebote, die zur Förderung beitragen, soziale Begabungen hingegen können quasi nur in privater Initiative gefördert werden. Besonders intelligente Kinder wiederum nehmen in der Schule oft einen Sonderstatus ein. Sie sind für die Schulkameraden die »Streber« und für die Lehrer eine echte Herausforderung. Einem Kind, das am Anfang seiner Schullaufbahn ist, stehen alle Optionen offen. Jedes Kind hat ein Recht darauf, angemessene Förderung zu bekommen und jede Art von Begabung ist es wert, ausgebildet zu werden. Allein kann ein Kind das nicht leisten, es braucht dafür die Unterstützung von Eltern und Lehrern. Das Lehrpersonal ist damit allerdings oft überfordert, zu groß sind die Klassen, zu umfassend der Lehrplan. Die Eltern hingegen sind näher dran, geraten jedoch dadurch auch in Gefahr, die eigenen unerfüllten Träume und Zukunftspläne auf den Nachwuchs zu übertragen und vielleicht in die »falsche« Richtung zu fördern.

Begabungen zu erkennen und zu fördern, das ist die Aufgabe von Schule und Elternhaus.

Stichwort: Hochbegabung

Hört man manche Eltern reden, so hat man den Eindruck, viele Kinder seien hochbegabt. Im Sprachgebrauch werden für das Maß von Intelligenz oft Vergleiche herangezogen. »Anna spricht besser als Jonas« z. B. – aber kann so ein Vergleich schon ein Hinweis auf eine besondere Sprachbegabung sein?
Tatsache ist, dass statistisch gesehen auf 100 Kinder drei Hochbegabte kommen. Es gibt keine eindeutige Definition, aber im Allgemeinen spricht man von Hochbegabung, wenn ein Kind im intellektuellen, musischen oder sportlichen Bereich seinen Altersgenossen sehr weit voraus ist.

Es existiert kein einzelnes Testverfahren, das als Ergebnis
»Hochbegabung« zweifelsfrei diagnostizieren kann. Nur Fachleute können durch eine Reihe von Tests feststellen, ob eine
Hochbegabung vorliegt. Häufig wird der Intelligenztest herangezogen, um einen Anhaltspunkt zu gewinnen. Doch Experten
zweifeln an dessen Aussagekraft, da es sich immer um eine
Momentaufnahme handelt. Deshalb werden solche Tests auch in
festgelegten Abständen mehrmals durchgeführt, um einen »Mittelwert« herauszuarbeiten. Ab einem Intelligenzquotienten von
130 oder mehr wird von Hochbegabung gesprochen.

In einem weiteren Schritt wird häufig mit Checklisten gearbeitet,
die die besonderen Merkmale hochbegabter Kinder auflisten.
Dabei darf man allerdings nicht vergessen, dass Hochbegabung
kein einheitliches Erscheinungsbild hat und nicht mit einer besonderen Persönlichkeitsstruktur verbunden ist.

Wenn ein Kind hochbegabt ist, dann ist wiederum die Familie
gefordert, das Kind entsprechend zu fördern und in der Schule
eine gezielte Förderung durchzusetzen. Gerade bei hochbegabten
Kindern stellt sich die Frage nach einer frühen Einschulung, die
Sie gemeinsam mit der Schule und Fachleuten treffen sollten.
Hilfreich ist der Kontakt zu Beratungsstellen für Hochbegabte
(Adressen im Anhang), zum zuständigen Schulpsychologen und
zu Eltern in derselben Situation.

Das erste Schuljahr

Schon nach wenigen Monaten sind die meisten Schüler und Eltern auf dem Boden der Tatsachen angelangt. Im Umgang mit Lehrern und Schulstoff wird klar, dass die Schonfrist vorbei ist. Bei manchen kehrt die Routine ein und alles läuft wie gewünscht, bei anderen aber tun sich Problemfelder auf, die zum Handeln zwingen. Manchmal gibt es erste Hinweise auf Teilleistungsstörungen oder die Schulangst fördert erste körperliche Reaktionen.

Dann gibt es die ersten Zeugnisse – und anschließend Ferien. Ehe man sich versieht, ist das erste Schuljahr schon vorbei.

Neue Erfahrung: Die Welt der Grundschule

Sind die ersten Monate vorüber, stellt sich auf allen Seiten Ernüchterung ein. Eltern und Kindern wird klar, dass sie für die nächsten Jahre Teil eines eigenen Mikrokosmos sind – der Schule. Die kleine Welt der Grundschule ist in jeder Hinsicht ein Spiegelbild unserer Gesellschaft und darin seinen Platz zu finden, ist nicht immer leicht. So wie Eltern ihre Kinder loslassen mussten, um sie in die Schule zu schicken, so stellen viele jetzt fest, dass sie sich doch nicht ganz raushalten können, wenn es ums eigene Kind geht. Die Schule beeinflusst mit ihren rigiden Strukturen auch das Leben der Eltern und manchmal droht gar der Schulalltag dominantes Thema in manchem Elternhaus zu werden.

Wichtig ist es jetzt, nicht den Draht zu den Kindern zu verlieren!

Das hat viele Gründe, denn mit der zunehmenden Selbstständigkeit der Kinder sind auch Veränderungen verbunden, die sich dem Einfluss der Eltern entziehen. Die Kinder verändern sich im Fühlen, im Denken und im Handeln. Oft geschieht das so schnell, dass Eltern es nicht verstehen und einordnen können. Aber nicht nur deshalb entstehen Probleme, sondern auch das veränderte Umfeld trägt seinen Teil dazu bei.

Manche Kinder werden auffällig, weil sie sich nicht in die Klassengemeinschaft einfügen können oder wollen, weil sie gegen die Lehrer oder das Umfeld rebellieren. Bei anderen machen sich so genannte Teilleistungsstörungen bemerkbar, von denen besorgte Eltern bislang nichts geahnt haben. Einigen Kindern schlägt die Schule derart auf den Magen, dass sie mit massiven körperlichen Beschwerden zu kämpfen haben und deshalb Hilfe brauchen. Aber natürlich kann alles auch nur Folge des ganz normalen Schulalltags sein, der eine hohe Anpassungsleistung erfordert. Anpassen müssen sich aber auch die Eltern, die bei Schulproblemen stets gefragt sind. Deshalb stellt sich auch schnell die Frage, wie viel Einmischung erlaubt und geboten ist.

Einmischen: Eltern wirken mit

Kommt das Kind in die Schule, werden auch die Eltern zum
zweiten Mal mit eingeschult. Sie haben oft noch lebhafte Erinnerungen an den eigenen ersten Schultag. Bei manchen mag
die Schule alte Ängste wecken oder vergessene Trotzreaktionen
hervorrufen, viele wollen jedoch ihren Kindern die eigenen
schlechten Erfahrungen aus der Schulzeit ersparen. Sie wollen,
dass ihre Kinder nicht die gleichen Fehler machen und nicht die
gleichen Demütigungen ertragen müssen. Manche Eltern ziehen
sich bewusst zurück und überlassen allen Klärungsbedarf dem
Kind selbst, das damit natürlich komplett überfordert ist. Andere Elternteile wieder üben sich als Fürsprecher und holen sich –
im übertragenen Sinne – die Rügen stellvertretend für das Kind
ab. Beides im Extrem ist so nicht richtig. Gerade in der Grundschulzeit sind Eltern die wichtigsten Lobbysten ihrer Kinder. Sie
können dafür sorgen, dass Schule gut funktioniert und ihr Kind
sich dort geborgen fühlen kann. Aber das geht nur, wenn man
sich einmischt.

Positionsbeschreibung: Eltern und Lehrer

Viele Eltern begegnen den Lehrerinnen und Lehrern ihrer Kinder
heute noch mit den Gefühlen, die sie selbst als Kinder ihren
eigenen Lehrern gegenüber hatten. Sie fühlen sich unterlegen
und hilflos wie in der eigenen Schulzeit. Mit einem Wort: Sie
haben Angst. Und wenn nicht Angst, so doch ein deutlich ungu-
tes Gefühl. Das beschleicht viele Menschen ganz automatisch,
wenn sie ein Schulhaus betreten. Die Gänge riechen muffig, die
vielen geschlossenen Türen, der beklemmende Hall der eigenen
Schritte, hier und da die erhobene Stimme eines Lehrers. Aber
auch Eltern, die forsch und selbstbewusst den Kontakt zum
Lehrer suchen, sind nicht frei von nostalgischen Gefühlen. So

und so eine schwere Hypothek, die die Zusammenarbeit von Eltern und Lehrern belastet. Umgekehrt haben auch viele Lehrer Angst vor den Eltern. Es gehört eine große Portion Souveränität und Selbstbewusstsein dazu, sich am Elternabend vor einer ganzen »Meute« Erziehungsberechtigter zu behaupten. Manchen Lehrern bricht der Angstschweiß aus, wenn sie schon wieder die gleiche Mutter vor dem Lehrerzimmer warten sehen. Das ist durchaus nicht die Ausnahme, denn wenn Lehrer forsch und überheblich auftreten, dann versuchen sie doch oft nur die eigenen Unterlegenheitsgefühle zu überspielen. Getreu dem Motto: Angriff ist die beste Verteidigung.

Tatsache ist: Lehrer bekommen wenig positives Feedback für ihr berufliches Engagement – mal abgesehen von den Lernfortschritten und der Lernfreude der Schüler. Wenn Eltern zu ihnen kommen, dann in der Regel, um sie zu kritisieren. Um sich der Kritik nicht aussetzen zu müssen, steigen Lehrer gern aufs hohe Ross, machen auch den Eltern ihre Überlegenheit – mehr oder minder subtil – klar. Da verwundert es nicht, wenn viele Schüler und Eltern in den Lehrern eine Spezies der besonderen Art sehen – und nicht die Menschen, die sie sind.

Auch Lehrer sind nur Menschen

Statt Schwächen einzugestehen, verbreiten Lehrer gern die Aura der Unfehlbarkeit.

Für viele Schüler und auch für viele Eltern ist es eine ungewohnte Perspektive, den Lehrer als Menschen mit Stärken und Schwächen zu sehen. Er ist – genauer betrachtet – ebenso auf das Wohlwollen von Schülern und Eltern angewiesen wie sie auf das seine. Doch wie der Großwildjäger weiß, dass er angesichts der rasenden Meute niemals Angst zeigen darf, so leben Lehrer vielfach in dem Glauben, sie dürften Ängste und Schwächen niemals zeigen, weil sie dann Autorität einbüßen. Doch das ist ein Denkfehler: Im Gegenteil, wer sich als Mensch mit Stärken und Schwächen outet, der gewinnt Sympathie und Verständnis bei Kindern und Eltern.

Gespräch unter Experten

Gespräche zwischen Lehrern und Eltern lassen sich mit
Expertengesprächen vergleichen. Beide Seiten sind Fachleute,
die das gleiche Kind aber aus unterschiedlichen Blickwinkeln
betrachten. Würden sie ihr Wissen und ihre Erfahrung austauschen, anstatt sich gegenseitig mit Vorwürfen zu überhäufen, so
könnten sie gemeinsam viel bewegen. Tun sie aber oft nicht, weil
sich beide Seiten quasi automatisch angegriffen fühlen. Deshalb
ziehen sie sich zurück oder schlagen (verbal) wild um sich – je
nach Veranlagung.

Kritik sinnvoll anbringen

Eltern sollen, was Lehrer sagen, nicht kritiklos hinneh-
men. So agieren Sie sinnvoll:

- Kritisieren Sie nicht die ganze Person, sondern gezielt
  bestimmte Verhaltensweisen, die Sie für falsch halten.
- Vermeiden Sie pauschale Kränkungen des Berufsstandes!
- Versuchen Sie nicht, dem Lehrer seine Kompetenz strei-
  tig zu machen, sondern zeigen Sie bildhaft die Folgen
  beispielsweise neuer Lehrmethoden auf.
- Geben Sie der Lehrkraft die Möglichkeit, Umstände
  (z. B. die Notengebung) zu erklären, bevor Sie Ihre
  Beschwerde vorbringen.
- Bauen Sie Brücken, die das Annehmen von kritischen
  Äußerungen erleichtern.
- Sammeln Sie nicht einzelne Ärgernisse, bis das Maß
  voll ist, sondern gehen Sie lieber schon mit wenigen
  Beschwerden zur Lehrkraft. Sonst kommt es schnell
  zur Generalabrechnung – die Ihr Kind dann womöglich
  bezahlen muss.
- Suchen Sie häufig den Kontakt zur Lehrkraft – auch
  ohne besonderen Grund.

Ziel jedes Ge-
spräches sollte
es sein, dass sich
die Situation Ihres
Kindes dadurch
verbessert.

Nun machen viele Eltern den Fehler, dass sie die Kompetenz des
Lehrers anzweifeln, wenn ihr Kind in der Schule Probleme hat.
Eltern dürfen sich nicht anmaßen, den Lehrern in ihre Lehrmethoden hineinzureden. Wie man ein schüchternes Kind aus der
Reserve lockt oder einen überheblichen Knirps in seine Schran-
ken weist, das wissen die Eltern aus jahrelanger Erfahrung
besser.
Beim Vermitteln von Wissen hat ein Lehrer mehr Kompetenz.
Aber ein Lehrer weiß nicht, wie seine Lehrmethoden und sein
Auftreten im Unterricht wirken. Das erzählen die Kinder meist
nur zu Hause bei den Eltern. Das wäre für den Lehrer interes-
sant zu erfahren, wird er aber nie, weil sich niemand traut, so
offen zu sprechen.
Wenn jeder auf diese Weise die Erfahrungen des anderen zu
schätzen wüsste, könnten alle davon profitieren.

Hilfe, ich bin Elternvertreter(in)!

Schon ziemlich schnell nach dem ersten Schultag des Kindes
findet bereits der erste Elternabend statt. In der Regel sind diese
Veranstaltungen noch gut besucht, in den höheren Jahrgangsstufen ebbt das Interesse allerdings merklich ab. Neben den ersten
wichtigen Informationen gibt es bei solchen Elternabenden in
der ersten Klasse auch immer eins: die Wahl des Elternvertreters
bzw. des Repräsentanten der Elternschaft im Elternbeirat.
Wird die Frage in den Raum geworfen, wer sich zur Wahl stellen
möchte, wird es zumeist sehr ruhig in den Reihen. Manche
Mutter oder mancher Vater hebt nur deshalb den Finger, weil
er/sie dem betretenen Schweigen ein Ende bereiten will – und
stellt dann entsetzt fest: Hilfe, ich bin Elternvertreter! Doch
keine Sorge, die meisten merken nach kurzer Zeit, dass das Amt
auch Spaß macht. Es ist gar nicht so schwierig – und bietet noch
dazu einen einzigartigen Einblick in den Schulalltag, der anderen

Eltern verwehrt bleibt. Natürlich darf man nicht verschweigen, dass das Amt auch zusätzlich Arbeit mit sich bringt. Was muss man also tun?

- Die Klassenelternvertreter finden sich in regelmäßigen Sitzungen des Elternbeirats wieder. Die Anzahl der Elternbeiratsmitglieder hängt von der Schülerzahl der Grundschule ab. Das bedeutet: Wer Klassenelternsprecher ist, ist nicht automatisch im Elternbeirat, sondern muss auch dazu gewählt werden.

- Die Klassenelternvertreter treffen sich regelmäßig, um über anstehende Probleme zwischen Lehrern und Schülern bzw. deren Eltern zu beraten. Sie werden – aus erster Hand – vom Schulleiter über anstehende Projekte und Feste informiert und häufig auch um Mithilfe gebeten. Zudem tragen sie Probleme und Fragen, die an sie von anderen Eltern herangetragen werden, dem Gremium vor und erarbeiten gemeinsam Lösungen. Sie sind also das »Sprachrohr« der Elternschaft gegenüber der Schulleitung.

  Der Elternvertreter – Schnittstelle zwischen Schule und Elternhaus.

- Die Klassenelternsprecher veranstalten regelmäßig für die Klasseneltern so genannte Elternstammtische, bei denen man sich in lockerer Atmosphäre mit den Lehrkräften und anderen Eltern austauschen kann.

Die rechtlichen Grundlagen der Elternmitwirkung

In den verschiedenen Bundesländern sind für dieselbe Sache unterschiedliche Begriffe geläufig: Elternbeirat – (Schul-)Pflegschaft – Elternrat. In den Schulgesetzen aller Bundesländer ist die Mitwirkung der Eltern festgeschrieben und ausdrücklich gewünscht.

Zu diesem Zweck werden in den Klassen in regelmäßigen Abständen Elternvertreter gewählt, die sich dann im Elternbeirat oder der Schulkonferenz zusammenfinden (auch hierfür gibt es wieder unterschiedliche Bezeichnungen).

Elternabend, Elternsprechtag und Elternstammtisch

Im Laufe eines Schuljahres finden verschiedene, mehr oder minder offizielle, Informationsveranstaltungen für Eltern statt. Die offiziellste Variante ist der Elternabend. In der Grundschule findet eine solche Veranstaltung für die Eltern einer Klassengemeinschaft in der Regel kurz nach Beginn des Schuljahres statt. Dafür werden alle Eltern schriftlich von der Schulleitung eingeladen, die Teilnahme ist allerdings keine Pflicht. An diesem Abend wird sich der Klassenlehrer vorstellen und auch einige Fachlehrer finden Gelegenheit, ihr Programm zu präsentieren. Die Gespräche und Vorträge wollen die Eltern über den Lernstoff des kommenden Schuljahres informieren, sowie auf andere schulische Aktivitäten hinweisen. Zudem werden Lehrmethoden und -verfahren vorgestellt, sodass der Unterricht – zwar aus der Ferne – für die Eltern transparenter wird. Darüber hinaus gibt es Elternabende für die gesamte Elternschaft. Diese haben zumeist ein bestimmtes Motto oder werden durch einen Vortrag initiiert.

Nutzen Sie die Angebote für Eltern!

Elternsprechtage hingegen gibt es zumeist zweimal im Jahr. An diesen Nachmittagen bzw. Abenden stehen alle Lehrkräfte einer Schule für kurze Elterngespräche zur Verfügung. Lehrerinnen und Lehrer sind verpflichtet, die Erziehungsberechtigten regelmäßig über die schulische Entwicklung ihres Kindes zu informieren. Es geht in den Gesprächen also um das Arbeits- und Sozialverhalten, Lernerfolge bzw. -schwierigkeiten. Probleme oder ausführlichen Beratungsbedarf kann man allerdings an einem solchen Elternsprechtag nicht abarbeiten. In der Regel sind jedem Elternpaar nur etwa 10 Minuten »Sprechzeit« eingeräumt. Ruhe kommt dabei ohnehin nicht auf, da vor der Tür schon die nächsten Eltern warten.

Der Elternstammtisch hingegen entbehrt jeder gesetzlichen Grundlage und dient einzig und allein der Kommunikation – der zwischen den Eltern und zwischen Eltern und Lehrkraft. Solche Stammtischrunden werden in den ersten Klassen häufig zwanglos einberufen und engagierte Lehrkräfte nehmen die Gelegenheit gerne wahr, die Eltern ihrer Schüler auf diese Art und Weise besser kennenzulernen. Zwar wird an diesem Abend oft heftig über die Schule diskutiert, doch alleiniges Thema sollte die Schule dabei nicht sein. Wichtiger ist es, eine Solidargemeinschaft aus Eltern und – im Idealfall – Lehrern herzustellen.

Betragen? Ungenügend

Eine so dramatische Umstellung, wie sie sich bei der Einschulung vollzieht, erleben Kinder wohl nur einmal im Leben. Als sie in den Kindergarten kamen, waren sie noch jung und unerfahren, darauf wurde Rücksicht genommen. Wechseln sie später einmal die Schule und erleben somit wieder einmal einen »ersten Schultag«, bringen sie bereits einige Erfahrungen aus der Grundschule mit. Die Einschulung ist also etwas ganz Besonderes, etwas Einmaliges – und deshalb ist sie auch häufig eine Initialzündung für die weitere psychische Entwicklung. Die Gefühle spielen hier eine wichtige Rolle. Als Kindergartenkinder haben die Kleinen zwar Gefühle kennengelernt, konnten diese ausleben und dementsprechend damit umgehen. Mit dem Eintritt in die Schule ändert sich das. Jeden Tag sind die Kinder vielen Eindrücken ausgesetzt – und nicht immer können bzw. dürfen sie darauf spontan reagieren. Gefühle sind nichts Greifbares und dieselben Wahrnehmungen und Eindrücke können bei unterschiedlichen Menschen auch ganz unterschiedliche Reaktionen hervorrufen. Weil der Umgang mit Gefühlen bzw. deren Unterdrückung noch ungewohnt ist, müssen die Erstklässler sich erst einmal orientieren. Die erste Lektion, die die Kleinen dabei lernen (müssen), ist eine möglichst »coole« Gemütsfassade aufzubauen. Nicht allen gelingt das immer und in extremen Fällen reagieren die Kinder erst einmal mit Rückzug. In diesen Situationen brauchen sie die Eltern besonders dringend, um mit den aufgestauten Emotionen

Ganz ungewohnt: mit Gefühlen umgehen lernen.

zurechtzukommen. Aber nicht immer reicht das aus – und das Verhalten in der Klasse, gegenüber Lehrern und Mitschülern fällt aus dem Rahmen. Schnell wird dann die Diagnose »Verhaltensstörung« aus der Begriffskiste gezogen und damit ein noch größerer emotionaler Druck erzeugt.

Verhaltensstörungen: Der Lümmel aus der ersten Bank

Mal ganz ehrlich: Müssen Sie nicht auch schmunzeln, wenn Sie gemeinsam mit Ihrem Kind die Abenteuer von Pippi Langstrumpf oder dem Michel aus Lönneberga lesen? Die Autorin Astrid Lindgren war Spezialistin für kleine, aufmüpfige Persönlichkeiten und Generationen von Eltern und Kindern haben herzhaft darüber gelacht. Doch wenn das eigene Kind sich ein bisschen wie Michel oder Pippi aufführen würde, dann wäre das doch höchst unangenehm. Schnell wären dann Eltern, Verwandte und Lehrer mit der Diagnose »Verhaltensstörung« bei der Hand und das Kind in Behandlung beim Therapeuten. Bedenklich sollte es Eltern stimmen, wenn sie lesen, dass in Deutschland pro Jahr eine halbe Million Rezepte für Beruhigungsmittel für Kinder unter zwölf Jahren ausgestellt werden und der Umsatz des »Bravmachers« Ritalin® innerhalb der letzten zehn Jahre um das 270fache gestiegen ist. Und noch ein bisschen Statistik gefällig: Jedes vierte Kind unter acht Jahren kennt hierzulande schon einen Therapeuten, sei es einen Logopäden, einen Ergotherapeuten oder einen Kinderpsychologen. Diese Fakten sollen nachdenklich stimmen, bevor Sie sich mit Verhaltensstörungen auseinandersetzen.

Immer mehr Kinder gelten als »verhaltensauffällig«!

Ob kindliches Verhalten als »auffällig« eingestuft wird oder nicht, hängt von der Einschätzung von Eltern, Lehrern und anderen Mitmenschen ab. Oft sind die Einschätzungen widersprüchlich, denn was als »auffällig« beschrieben wird, sind subjektive Eindrücke, die von Situationen, Personen und Ereignissen abhängen, aber auch von den Erwartungen, die man an das Kind hat.

Apropos Erwartungen: Je weniger Kinder in einem Haushalt leben, desto höher sind die Erwartungen der Eltern an den Nachwuchs und desto größer ist der Druck, der aufgebaut wird. Je näher sich Eltern und Kind sind, desto weniger Freiraum bleibt für die Entwicklung der Persönlichkeit und desto heftiger fällt unter Umständen der Befreiungsschlag aus, mit dem sich eingeengte Kinderseelen Luft verschaffen.

Neben den biologischen Zusammenhängen, die es durchaus bei vielen Verhaltensauffälligkeiten gibt, stellen aber persönliche Erfahrungen und Veränderungen des Lebensumfeldes eines Kindes die Hauptursache für Verhaltensstörungen dar. Hauptursache Nummer eins: Streit im Elternhaus und Trennung der Eltern. Manchmal stecken auffällige Kinder in einem Teufelskreis der Emotionen fest, aus dem sie sich selbst nicht befreien können. Ein Beispiel: Ein Kind ist ständig schlecht gelaunt. Weil es so miesepetrig ist, wenden sich andere Kinder von ihm ab, was das schlecht gelaunte Kind wiederum als Zurückweisung empfindet. Es fühlt sich in seiner schlechten Stimmung nur noch bestärkt. Wichtig wäre es da, den Teufelskreis zu durchbrechen und gemeinsam mit dem Kind über den ursächlichen Grund für die schlechte Laune zu sprechen – und ihn wenn möglich zu beseitigen.

Zunächst geht es also darum, herauszufinden, was das auffällige Verhalten verursacht. Manchmal lässt sich allerdings kein Auslöser finden, dann ist es häufig eine wichtige Funktion, die das auffällige Verhalten erfüllt. Beispiel: der »Klassenclown«. Das Kind benimmt sich dann auffällig, um die Aufmerksamkeit und die Anerkennung der Klassenkameraden zu erregen. Auch in diesem Fall muss Ursachenforschung betrieben werden, denn nicht immer sind Ursache und Wirkung so offensichtlich. Tritt auffälliges Verhalten ausschließlich im Unterricht auf, kann vielleicht der Schulpsychologe helfen oder man findet Rat und

Erwartungsdruck lässt Kinder aus dem Rahmen fallen.

Informationen über den behandelnden Kinder- und Jugendarzt. Zu den behandlungsbedürftigen Verhaltensstörungen im Grundschulalter gehört auch AD(H)S.

»Zappel-Philipp«: AD(H)S und die Folgen

»Er gaukelt und schaukelt, er trappelt und zappelt auf dem Stuhle hin und her.« Wer kennt ihn nicht, den Zappel-Philipp von Heinrich Hoffmann. Im Kindergartenalter haben fast alle Kinder kurzfristig eine so genannte hyperkinetische Phase, die allerdings nichts mit dem Hyperaktivismus zu tun hat, so wie er später im Schulalter auftritt. Die hyperkinetische Phase ist ein Entwicklungsschritt, bei dem Kinder zeitlich begrenzt ähnliche Symptome zeigen. Sie können nicht stillsitzen und plappern ständig dazwischen, sie haben Konzentrationsprobleme oder sind sehr aggressiv. Die Symptome sind also manchen Eltern noch lebhaft in Erinnerung, wenn diese dann später in der Schulzeit wieder verstärkt auftreten.

AD(H)S mutiert zum Schimpfwort. Noch bis vor knapp zehn Jahren waren Hyperaktivitätssyndrom oder ADS noch vergleichsweise selten und nur unter Fachleuten bekannt. Doch heutzutage rückt diese Verhaltensstörung immer mehr ins Bewusstsein der Menschen und damit schnellt auch die Anzahl der AD(H)S-Kinder rapide in die Höhe. Zunächst müssen die Begriffe aber geklärt und abgegrenzt werden, denn ADS und ADHS sind zwei unterschiedliche Krankheitsbilder, die unterschiedlicher Therapieansätze bedürfen.

ADS ist die Abkürzung für Aufmerksamkeitsdefizitsyndrom. Es bezeichnet eine Störung der Aufmerksamkeitsleistung oder wird allgemein als Überbegriff für Aufmerksamkeitsdefizit-Störungen verwendet. Im Gegensatz dazu gibt es das ADHS, also das Aufmerksamkeitsdefizit-Hyperaktivitäts-Syndrom. Obwohl wortverwandt, zeigen die betroffenen Kinder sehr unterschiedliche Symptome. ADS-Kinder sind in der Regel still und zurückgezogen, wirken auf Außenstehende eher verträumt. Wichtig ist es, ein ADS von natürlicher Schüchternheit, minderer Intelligenz oder Depression abzugrenzen. Diesen Kindern hilft zumeist schon intensives Konzentrationstraining, um in der Schule am Ball zu bleiben. Die exakte Diagnose kann jedoch nur ein Kinder- und Jugendarzt oder Kinderpsychologe bzw. -psychiater stellen.

ADHS hingegen tritt in den letzten Jahren geradezu epidemisch auf. Die Hyperaktivität setzt deutliche Signale: das Herumzappeln in Situationen, in denen Stillsitzen gefragt wäre, das spontane Ausleben von Gefühlen und Bedürfnissen ohne Rücksicht auf die Konsequenzen und Gefahren. Die Kinder lassen sich leicht ablenken und haben Schwierigkeiten zuzuhören, sie sind vergesslich und können sich schlecht organisieren. Ständig verlieren oder verlegen sie Sachen. ADHS-Kinder können sich schlecht an Regeln halten, es fällt ihnen schwer, vorsichtig, überlegt und rücksichtsvoll zu handeln. Häufig gehen mit der Hyperaktivität noch andere Lernschwächen (siehe unten) einher. Insgesamt ist das Leben mit ihnen recht anstrengend – und zwar von Anfang an und nicht erst nach der Diagnose.

ADHS-Kinder sind für Eltern und Lehrer anstrengend.

Aber Kinder mit ADHS haben auch Stärken: Sie sind engagiert, flexibel und lebhaft, sie sind schnell zu begeistern, sehr sensibel und spontan. Als Hauptursache für ihr auffälliges Verhalten wurde eine genetisch-bedingte neurobiologische Funktionsstörung ausgemacht. Allerdings gibt es bis heute kein biologisches Verfahren, mit dem sich die Störung eindeutig nachweisen lässt. Da die Störung genetisch bedingt ist, tritt sie in Familien auch entsprechend gehäuft auf.

Doch was sind die Ursachen, wie muss man sich diese Störung vorstellen?

Bei ADHS-Kindern ist die Informationsaufnahme und -verarbeitung stark eingeschränkt, was aber nicht mit mangelnder Erziehung bzw. Gehorsam zu tun hat. Die Erkenntnisse der Gehirnforschung helfen weiter: Informationen werden im Gehirn über Nervenbahnen weitergeleitet. Für die Übermittlung dieser Informationen von einer Nervenbahn zur anderen sind bestimmte Botenstoffe notwendig, sogenannte Neurotransmitter (dazu gehören Dopamin, Sedotonin und Noradrenalin). In der Regel produziert der Körper diese Stoffe selbst, nicht jedoch bei hyperaktiven Kindern. Sind diese Stoffe nicht ausreichend vorhanden oder gerät die Produktion aus dem Gleichgewicht, kommt es zu Reizleitungsstörungen. Diese führen dazu, dass Reize von außen nicht genug gefiltert oder Informationen nicht gespeichert werden können.

Das Umfeld hat großen Einfluss. Ab welchem Maß ADHS behandlungsbedürftig ist, hängt von gesellschaftlichen, familiären und schulischen Bedingungen ab. Das bedeutet, dass die eindeutige Diagnose nur in enger Zusammenarbeit von Eltern, Kinder- und Jugendarzt, Psychiatern und Lehrern gestellt werden kann. Oft ist es eine Ausschlussdiagnose, die schließlich zum Befund führt. Typisch für ADHS-Kinder ist, dass es bestimmte Situationen gibt, die das »Ausrasten« begünstigen. Zum Beispiel:

- In größeren Gruppen, z. B. Schulklassen, wenn Leistungen gefordert werden, die Zuhören oder eigenständiges Arbeiten erfordern.
- Je länger die Aufmerksamkeit gefordert ist, desto schwieriger wird es für das Kind.
- Unauffällig sind die Kinder in Situationen, die ihnen neu sind. Oder wenn sie wissen, dass sie im Vorteil sind (also die Anforderung beherrschen).
- Sind Aufgaben zu leicht oder zu schwer, neigen sie zur Ablenkung.

Besser wird die Situation, wenn die Eltern einen sehr konsequenten Erziehungsstil praktizieren.

Um ADHS in den Griff zu bekommen, brauchen Eltern, Geschwister und Kinder Aufklärung und Unterstützung. Es gibt Trainingsprogramme, um Krisensituationen innerhalb der Familie zu minimieren. Es wird ebenso Verhaltenstherapie angeboten wie eine Medikamentierung. Hier kommt der Wirkstoff Methylphenidat zum Einsatz, der unter dem Markennamen Ritalin® vertrieben wird. Er trägt zur Verbesserung der Aufmerksamkeit und zur Kontrolle der Hyperaktivität und Impulsivität bei.

Lerntipps für AD(H)S-Kinder

Kommen die Kinder aus der Schule, haben sie schon alles vergessen, was am Vormittag passiert ist. Häufig wissen sie auch nicht, was sie aufhaben – und was sie dann doch erledigen, wird zu einer langen quälenden Auseinandersetzung. AD(H)S-Kinder sind nicht dumm, nur setzen sie im Leben andere Prioritäten. Deshalb brauchen sie viel Anleitung von außen, um konsequent bei der Sache zu sein. AD(H)S lässt sich nicht vom Elternhaus allein bewältigen. Es bedarf der Führung sowohl in der Schule als auch im Freizeitbereich.
Schnelle Erfolge sind nicht zu erwarten, auch wenn Eltern, Therapeuten und Lehrer gut zusammenarbeiten. Es wird auf diesem Gebiet jedoch allerlei zweifelhafte Soforthilfe angeboten, die unterm Strich nur falsche Hoffnungen weckt. Kompetente Hilfe und Rat bekommen die Eltern bei Elternverbänden, Kinder- und Jugendärzten sowie Frühförderstellen. (Adressen im Anhang)

Lernprobleme: »Eins und eins macht sechs«

Rund eine viertel Million Kinder müssen jedes Jahr ein Schuljahr wiederholen, jedes vierte Kind braucht Nachhilfeunterricht, um den Lernstoff zu verinnerlichen. Nun sind diese Zahlen zwar erschreckend, aber für die Erstklässler kaum relevant. Sie wollen ja noch lernen, auch wenn es manchen unerwartet schwerfällt. Einerseits kann man sich beruhigt zurücklehnen und darauf ver-

Die Zahl der Lernstörungen steigt ständig.

weisen, dass ja auch das Lernen erst noch gelernt werden muss, andererseits sind viele Eltern schon frühzeitig alarmiert und befürchten irgendeine Form der Lernstörung.

Was verursacht Lernprobleme?

Die Ursachen für Lernprobleme – auch schon in der Grundschule – sind so vielfältig wie komplex. Jedes Kind braucht individuelle Förderung, persönliche Betreuung und einen Unterricht, der Spaß am Lernen vermittelt – das zu leisten, dazu ist unser Schulsystem in der Regel nicht in der Lage. Die Verantwortung fällt also ins Elternhaus zurück oder lastet gar allein auf dem Kind.

Dem Problem auf die Spur zu kommen, ist oft sehr schwer.

Wenn es mit dem Lernen nicht klappt, so hat das selten mit mangelnder Intelligenz zu tun. Ursache können unterschiedliche Probleme sein, die kurzfristig oder über einen längeren Zeitraum das Lernen blockieren. Dann kann das Kind das Erlernte nicht mehr einsetzen, um Aufgaben zu lösen, es bringt in Tests kein Wort mehr zu Papier und steht beim mündlichen Abfragen stumm vor der Klasse. Man spricht von Lernstörungen, die ganz vielfältige Gründe haben können.

Um helfen zu können, müssen die Auslöser gefunden werden. Das geht in erster Linie durch Beobachtung: Wann und in welchen Situationen treten die Blockaden auf? Schriftlich, mündlich, an der Tafel, bei der Gruppenarbeit? Welche Situation verunsichert derart, dass alles Wissen wie weggeblasen ist? Doch oft gehen die Ursachen tiefer, sind nicht Situationen allein die Auslöser dafür, sondern veränderte Rahmenbedingungen. Auslöser Nummer 1 ist heutzutage die Trennung und Scheidung der Eltern. Aber auch ein Lehrerwechsel oder ein Umzug mit Schulwechsel können solche Blockaden hervorrufen.

Manchmal müssen Schwierigkeiten aber genauer analysiert werden, um den Ursachen auf die Spur zu kommen. Bei welchen Anforderungen des Lernstoffes sind die Probleme aufgetreten?

Ist das Kind über- oder unterfordert? Braucht es vielleicht mehr
Zeit zum Üben und Lernen als andere? Und was ist mit den
Interessen? Neugierde fördert die Gedächtnisleistung. Wird der
Schulstoff spannend verpackt, werden selbst trockene Fakten oft
quicklebendig.
Wenn ein Kind sich offensichtlich schwertut, kommt man um
einen Austausch nicht herum. Wie schätzen Lehrer und vertraute
Menschen das Leistungstief ein? Manchmal relativiert sich da-
durch der persönliche Eindruck einer Lernkrise von ganz allein.
Manchmal jedoch wird der Eindruck aber bestätigt.

Teilleistungsstörungen – ein weites Feld

Als Teilleistungsstörungen werden in der Medizin und Päda-
gogik Leistungsbeeinträchtigungen beschrieben, die **nicht** mit
verminderter Intelligenz einhergehen. Als Fachbegriff werden
»Teilleistungsstörungen« je nach Fachgebiet unterschiedlich   **Schule fordert**
interpretiert und einig ist man sich nur dahin gehend, dass es   **alle Sinne.**
ein Sammelbegriff für unterschiedliche Lerneinschränkungen ist.
Teilleistungsstörungen heißen diese Beeinträchtigungen deshalb,
weil sie sich nur auf einen Teil der zum Lernen nötigen Fähigkeiten beziehen. Die betroffenen Kinder entwickeln sich allgemein
unauffällig und zeitgerecht, haben aber dennoch visuelle oder
auditive Wahrnehmungsschwierigkeiten, die wiederum auch die
Konzentration und Aufmerksamkeit beeinflussen können.

Wahrnehmungsschwierigkeiten:
Richtig hören? Deutlich sehen?

Das Gehör und das Sehvermögen werden in den regelmäßigen
Vorsorge-Untersuchungen beim Kinder- und Jugendarzt getestet – und gegebenenfalls müssen Defizite durch einen Facharzt

begutachtet und (z. B. durch eine Brille) ausgeglichen werden. Je nachdem, welche Sinnesorgane beteiligt sind, unterscheidet man auditive (kurz AVWS) und visuelle Verarbeitungs- und Wahrnehmungsschwierigkeiten.

Auditive Wahrnehmungsschwierigkeiten haben nichts mit Schwerhörigkeit oder gar Taubheit zu tun. Kinder, die unter auditiven Verarbeitungs- und Wahrnehmungsstörungen leiden, hören auf den ersten Eindruck gut, können aber das Gehörte nur schlecht verarbeiten bzw. sich merken. Die Schwäche kann sich sowohl auf Sprache als auch auf natürliche Geräusche beziehen. Besonders schwierig wird es für Kinder, die Gesprochenes nicht aus den Umfeldgeräuschen herausfiltern können. Im Klartext: Wenn die Lehrerin spricht, der Geräuschpegel in der Klasse aber hoch ist, versteht der Schüler mit einer auditiven Teilleistungsstörung kein Wort. Die Informationen kommen bei ihm nur unvollständig oder gar nicht an. Die Folge ist, dass er sich das Gehörte nicht merken kann oder daraus die falschen Schlüsse zieht. Gleichklingende Worte (mein/dein) werden schnell verwechselt und Buchstaben (b/p) vertauscht. Das Hörproblem wirkt sich in der Folge auch auf das Verhalten des Schülers aus, er wird unruhig und unkonzentriert – und weil das Hinhören so anstrengend ist, verliert er das Interesse und bekommt Entscheidendes auch nicht mit.

Beim Verdacht auf eine solche Teilleistungsstörung müssen Fachleute ran. So genannte Pädaudiologen kümmern sich um Hörstörungen im Kindesalter. Die Untersuchungen sind zwar aufwändig, aber notwendig. Je nach Ausprägungsform einer AVWS werden unterschiedliche Maßnahmen eingeleitet. Lassen Sie sich von Fachleuten beraten (Adressen im Anhang).

Visuelle Wahrnehmungsschwierigkeiten sind landläufig eher bekannt und werden oft auch früher erkannt. Sieht das Kind nicht gut, so bekommt es vom Augenarzt eine Brille verordnet. Manchmal wird eine Fehlsichtigkeit jedoch erst mit dem Schuleintritt offensichtlich, denn wenn das Kind beim Lesen an der

Fürs Lernen müssen Augen und Ohren gesund sein.

Tafel die Augen zusammenkneift, ist das ein eindeutiges Warnzeichen.

Sieht Ihr Kind gut?

Auf folgende Warnzeichen sollten Sie achten:

- häufiges Blinzeln und Augenreiben
- Zwinkern und Zukneifen der Augen
- Lichtempfindlichkeit
- übertrieben nahes Herangehen an Objekte
  (z. B. Bücher)
- Schielen oder Schiefstellung des Kopfes
- Kopfschmerzen
- Stolpern, Anstoßen und Ungeschicklichkeit
- schnelles Ermüden und mangelnde Konzentrationsfähigkeit

Nicht hinter jedem Sehproblem steckt jedoch gleich eine Einschränkung der Sehfähigkeit, manches lässt sich durch geeignete Therapien gut korrigieren. Denn: Das Auge ist lernfähig und diese Gabe sollte man nutzen.

Lese-Rechtschreib-Schwäche: Legasthenie

Böse Zungen behaupten immer noch, dass Kinder, die nicht wie alle anderen rasch lesen und schreiben lernen, einfach nur faul und dumm sind. Aber dem ist nicht so. In den meisten Fällen wird eine Lese-Rechtschreib-Schwäche bzw. Legasthenie diagnostiziert. Die Diagnose wird bestätigt, wenn die Leistungen beim Lesen und Schreiben im Vergleich zur festgestellten Intelligenz weit auseinanderklaffen, die Kinder also trotz hoher Intelligenz mit dem Lesen und Schreiben Schwierigkeiten haben. Aber wie zeigt sich eine Legasthenie? Manchmal kommt be-

Legasthenie hat nichts mit mangelndem Üben zu tun.

reits im Vorschulalter der Verdacht auf, wenn Kinder bei der Sprachentwicklung und dem Sprachverständnis Probleme haben. Besonderes Augenmerk liegt auf dem phonetischen Bewusstsein, bei dem es darauf ankommt, ein Wort in Silben und dementsprechend in Vor-, Mittel- und Endlaute zu zerlegen (Haus = H-au-s). Zugegebenermaßen achtet im Kindergarten niemand darauf, ob ein Kind solch eine Fähigkeit genügend ausgeprägt hat. In der Schule wird es dann schnell offensichtlich: Die Kinder lernen nur schwer lesen, geraten dabei häufig ins Stocken, fügen Worte hinzu oder lassen welche aus, verlieren die Zeile – und verstehen nichts von dem, was sie gerade gelesen haben. In der Rechtschreibung ist es ähnlich: Bei kleinen Diktaten wimmelt es von Fehlern und die gleichen Wörter werden unterschiedlich falsch geschrieben. Später wirkt sich die Legasthenie auch in der Mathematik aus, wenn es um das Verstehen von Textaufgaben geht. Weil Lesen eine wichtige Voraussetzung fürs Lernen ist, geraten die Kinder schnell ins Hintertreffen, verlieren die natürliche Neugier und den Mut.

Wer nicht versteht, was er liest, gerät schnell ins Hintertreffen.

> ### Ist Ihr Kind Legastheniker?
>
> Eine Lese- und Rechtschreibschwäche zu erkennen, ist nicht ganz einfach; folgende Hinweise können helfen:
>
> **Beim Lesen**
> - Fehlerhaftes Verbinden von Lauten
> - Mangelhaftes Zusammenführen von Worten zu Sätzen
> - Sehr langsames Lesen
> - Geringes inhaltliches Verstehen des Gelesenen
> - Selbstlaute am Wortanfang machen Schwierigkeiten (»Advent« z. B. liest der Legastheniker häufig als »Davent«)
> - Weglassen oder Hinzufügen von Wörtern im Text

Beim Schreiben

- Probleme bei der Unterscheidung einzelner Buchstaben (z. B. b/p)
- Fehlerhafte Umsetzung von Gehörtem ins Geschriebene
- Weglassen oder Hinzufügen von Buchstaben
- Schreiben von so genannten Wortruinen (unverständliche Aneinanderreihung von Buchstaben)
- Unleserliche Schrift
- Probleme auch beim Abschreiben von Wörtern und Sätzen

Schlimm ist vor allem, dass die Legasthenie immer noch nicht frühzeitig erkannt wird und so die Schüler einem unerträglichen Leidensdruck ausgesetzt sind. Sie halten sich bald selbst für »dumm«, weil die anderen all das besser können als sie selbst. Zur Ermutigung sei gesagt, dass selbst so kluge Köpfe wie Albert Einstein oder John F. Kennedy Legastheniker gewesen sein sollen. Deshalb ist es wichtig, durch eine entsprechende Diagnose den Leistungsdruck von den Kindern zu nehmen und eine Therapie zu beginnen.

Den Leidens- bzw. Leistungsdruck nehmen kann beispielsweise die Beanspruchung von Sonderrechten, die allerdings in jedem Bundesland unterschiedlich geregelt sind. Allein in Bayern sind die üblichen »Kann-Regelungen« für die Schulen verpflichtend. Dazu gehört der so genannte »Nachteilsausgleich«, demnach Rechtschreibleistungen nicht in die Bewertung mit einfließen dürfen. Zudem werden schriftliche und mündliche Leistungserhebungen gleichwertig behandelt. In allen Bundesländern endet übrigens die »Schonfrist« für Legastheniker mit dem 10. Schuljahr, nur in Bayern ist der Nachteilsausgleich bis zum Abitur möglich.

Mit dem frühen Erkennen der Legasthenie sollte auch eine Therapie eingeleitet werden. Speziell ausgebildete Therapeuten ver-

Legastheniker sind in bester Gesellschaft: A. Einstein war auch einer.

suchen, mit einem intensiven Rechtschreibtraining die Defizite aufzufangen, behalten aber zugleich die soziale und emotionale Entwicklung der Kinder im Auge. Dabei ist offensichtlich, dass Legastheniker sehr gut mit klar-strukturierten Regeln umgehen können, die ihnen helfen, Fehler zu mindern.

In Bayern bekommen Legastheniker Nachteilsausgleich bis zum Abitur.

Tatsache ist allerdings, dass eine Legasthenie sich niemals »auswächst«. Doch dank Rechtschreibprogrammen in Computern ist das Problem im Berufsleben kaum noch feststellbar.

Rechenstörungen: Dyskalkulie

Rechenstörungen werden als Dyskalkulie bezeichnet. Die betroffenen Kinder haben Schwierigkeiten im Umgang mit Zahlen, Mengen und Größen. Die Diagnose wird gestellt, wenn die schulischen Leistungen beim Rechnen trotz intensiven Übens deutlich unter dem eigenen Intelligenzniveau liegen. In der Grundschule haben die Kinder schon Probleme mit den Zahlen 1 bis 10, können schlecht rückwärts- oder weiterzählen, Vorgänger und Nachfolger bestimmen oder selbst einfache Rechenaufgaben lösen. Seltsamerweise betrifft die Schwäche vorwiegend die Grundrechenarten Addition, Subtraktion, Multiplikation und Division, höhere mathematische Fähigkeiten wie Geometrie, Algebra und Trigonometrie sind davon wenig betroffen. Eine Dyskalkulie ist schwer zu diagnostizieren, da die Schüler andererseits sehr intelligent sind und sie die Defizite durch Zählhilfen (Finger, Stifte oder anderes Anschauungsmaterial) kompensieren. Später werden sie jedoch auffällig, wenn ihre Systeme im Zahlenraum von Hundertern und Tausendern nicht mehr greifen, sie Stellen vertauschen oder verdrehen. Der Umgang mit Maßeinheiten (Geld, Uhrzeit, Gewichte etc.) ist ihnen ein Gräuel.

Wie bei der Legasthenie brauchen die Kinder dringend Unterstützung und Hilfe, denn auch diese Teilleistungsstörung wächst sich nicht aus. Die Schüler lernen (z. B. durch eine Therapie) damit umzugehen. Im Gegensatz zum Nachteilsausgleich bei Legasthenie findet etwas Adäquates für Dyskalkulie an deutschen Schulen nicht statt. Es bleibt also der Initiative der Eltern überlassen, bei Schulen und Lehrern um Verständnis zu bitten und Rücksicht einzufordern. Über den Rahmen der Möglichkeiten informieren Selbsthilfeinitiativen (Adressen siehe Anhang).

(Schul-)Angst schlägt auf den Magen

Nicht immer allerdings steckt eine Teilleistungsstörung dahinter, wenn Kinder schon in der Grundschule Probleme haben. Manche haben sich das schulische Lernen einfach anders vorgestellt, verlieren das Interesse am Unterricht oder sind von Versagensängsten geplagt. Eigentlich könnte man solchen kindlichen Ängsten mit Herz und Verstand entgegentreten und sie zumeist schnell ausräumen. Doch oft besteht die Angst, als Versager abgestempelt zu werden. Aus einer kleinen Lücke im Lernstoff wird eine große und binnen kurzer Zeit reiht sich Niederlage an Niederlage, Misserfolg an Misserfolg.

Immer mehr Schüler leiden am psychosomatischen Erkrankungen.

> **Typische Angstsymptome**
>
> - Kopf- und Halsschmerzen
> - Herzklopfen
> - Brustschmerzen und Erstickungsgefühle
> - Zittern und erhöhte Muskelspannung
> - Schwitzen
> - Benommenheit und Schwindelgefühle
> - Übelkeit und Magenschmerzen
> - Hitze- und Kälteschauer
> - Kribbelgefühl in Armen und Beinen

Ständige Angst führt zu Lernblockaden, die wiederum die Defizite noch offensichtlicher werden lassen. Doch wovor haben Schüler Angst? Im Wesentlichen sind es vier Bereiche, die als Furcht einflößend angesehen werden: Angst zu versagen, Angst vor Überforderung, Angst vor der Reaktion der Eltern und Angst vor der Schule.

Versagensängste spüren die Kinder hautnah. Sie fühlen sich hilflos dem Schulsystem und dem Lernstoff ausgeliefert und trauen sich immer weniger zu. Weil sie sich immer weniger zutrauen, geraten sie mit dem Lernstoff immer weiter ins Hintertreffen. Es entsteht ein Teufelskreis, den sie schon bald nicht mehr allein durchbrechen können. Am besten können Eltern helfen, wenn sie nicht mit Vorwürfen auf schlechte Schulleistungen reagieren, sondern gemeinsam mit dem Kind nach Lösungen suchen.

Überforderungsängste sind das Resultat andauernder Versagensängste. Hier müssen dringend Lehrer und Eltern zusammenarbeiten, um die bestmögliche Lösung für das Kind zu finden. Vielleicht war es mit der Einschulung doch noch überfordert? War die frühe Einschulung doch vielleicht mehr Elternwunsch als Kinderwunsch?

Angst vor der Reaktion der Eltern ist vielfach eine Ursache für schulisches Versagen, denn Kinder wollen ihre Eltern nicht enttäuschen und setzen sich deshalb manchmal selbst derart unter Druck, dass das zu einer Lernblockade führt. Dass schlechte Schulleistungen heute noch mit Prügel oder Hausarrest geahndet werden, ist (hoffentlich) eher die Ausnahme. Allerdings gibt es subtilere Arten, das Selbstbewusstsein der kleinen Schüler zu untergraben und sie dadurch in eine Angstspirale zu versetzen.

Die Angstspirale lässt Schüler versagen. Schon ein enttäuschter Gesichtsausdruck genügt, eine lapidare Bemerkung wie »So schaffst Du den Übertritt nie!« reicht, um den Mut sinken und die Angst ansteigen zu lassen.

Schlechte Schüler fürchten aber nicht nur die Reaktion der Eltern, sondern haben auch **Angst vor der Schule** – und den Klassenkameraden. Wenn sie sehen, wie leicht anderen das

Lernen fällt und wie schwer sie sich selbst damit tun, führt das wiederum zu Versagensängsten – und manchmal ist die Kritik von Mitschülern und Lehrern noch schwerer zu verkraften als die Enttäuschung der Eltern.

Bauchweh und Verdauungsprobleme

Die naheliegende Reaktion auf Angst ist Vermeidung, also versuchen Kinder mit Schulangst, den Gang zur Schule zu vermeiden. Morgens, schon gleich nach dem Aufstehen, klagen sie über Bauchweh, haben Durchfall oder anhaltende Verstopfung. Kaum ist der Schulbesuch abgeblasen, geht es ihnen schon merklich besser – doch am nächsten Tag geht es wieder von vorne los. Das ist natürlich keine Lösung des Problems, sondern dient eigentlich nur dessen Verstärkung. Je mehr Unterricht das Kind versäumt, desto mehr Stoff gilt es nachzuholen, desto weiter fällt das Kind zurück.

Oft zeigen Kinder als Folge andauernder Angst auch körperliche Symptome.

Tatsache ist, dass die Schule vielen Kindern auf den Magen schlägt. Typisch ist, dass sie über Bauchweh klagen, darüber hinaus aber keine Erkrankungssymptome zeigen. Dazu muss man wissen, dass Kinder bis zum zehnten Lebensjahr Schmerzen im Körper nur schlecht lokalisieren können und den Bauch häufig als Ort der Beschwerden empfinden, auch wenn der wahre Grund ganz woanders liegt. Andererseits schlagen Ärger und Angst – nicht nur im sprichwörtlichen Sinn – auf den Magen. Dass die Beschwerden psychosomatischer Natur sind, davon sollten Sie jedoch nicht pauschal ausgehen, sondern vielmehr damit den Kinder- und Jugendarzt aufsuchen. Sollten Sie dann sicher sein, dass die Verdauungsbeschwerden seelische Ursachen haben, so helfen am besten natürliche Mittel, wie z. B. ein warmer Bauchwickel mit Kamille, eine sanfte Bauchmassage oder eine Wärmflasche. Aber versuchen Sie vor allem, den Ursachen auf den Grund zu gehen.

Kopfschmerzen und Migräne

Wenn es nicht der Bauch ist, der schmerzt, dann ist es der Kopf.
Diese Beschwerden treten allerdings weniger häufig am Morgen
auf, sondern erst nach der Schule oder während des Unterrichts. Da schon Grundschulkinder auch Migräne bekommen
können, sollten häufige Kopfschmerzattacken immer kinderärztlich abgeklärt werden. Fehlsichtigkeit, Entzündungen der
Nasennebenhöhlen oder Blutdruckprobleme führen ebenfalls zu
Kopfschmerzen. Manchmal sind sie auch Folge von Unterzucker,
der auftritt, wenn die Kinder zu wenig gefrühstückt haben. Eine
ausgewogene Ernährung kann also helfen.
Ansonsten hilft gegen Kopfschmerzen Ruhe am besten. Das
Kind sollte sich hinlegen, der Raum abgedunkelt werden und
wenn das Kind möchte, können Sie eine Geschichte vorlesen.
Ablenkung durch elektronische Spiele oder Fernsehen ist dann
tabu. Bei ausgeprägten Schmerzattacken können Schmerzmittel
helfen. Sie bekämpfen allerdings nur die Symptome und nicht
die Ursachen.

Der Angst entgegentreten

Angst führt zu Lernproblemen, Lernprobleme führen zu Versagensängsten und Versagensängste führen zu einer negativen
Grundhaltung. Wer sich aber selbst nichts mehr zutraut, dem
gelingt auch nichts. Diese negative Spirale gilt es zu stoppen. Es
ist also Sache der Eltern, ihre Kinder aufzubauen und neu zu
motivieren. Die wichtigste Lehre, die die Kinder daraus ziehen
können, ist die, selbst für sich Verantwortung zu übernehmen.
Das bedeutet auch, selbst herauszufinden, mit wie viel Lern-
zeit sich bessere Ergebnisse erzielen lassen. Die Kinder müssen
lernen, dass Versagen keine Schande ist, sondern nur die Auf-
forderung, es beim nächsten Mal besser zu machen.

Erste Stresssymptome

Für Grundschulkinder ist Stress zunächst einmal nicht mehr als ein Wort, denn müssten sie die Situation beschreiben, würden sie von Angst und zu wenig Zeit, von Pflicht und Mühe reden. Dennoch ist es wichtig, Kindern den Begriff zu erklären und sie über die Folgen aufzuklären. Natürlich nicht mit nüchternen Fakten, sondern eher spielerisch.

Sie können z. B. eine Geschichte aus der eigenen Kindheit erzählen (gleich ob wahr oder erfunden). Sie könnte beispielsweise davon handeln, dass Sie eine schlechte Note zurückbekamen und sich dann nicht nach Hause getraut haben, weil Sie sich schämten, mit Ihren Eltern darüber zu reden. Fragen Sie, wie sich Ihr Kind in einer solchen Situation verhalten würde und welche Lösung des Problems es gäbe. Auch wenn es nicht explizit ausgesprochen wird, Ihr Kind weiß, worum es geht. Es lernt, dass auch Sie einmal klein und schwach waren und es wird erleichtert sein, dass auch Sie mit den gleichen Problemen zu kämpfen hatten.

Erschreckend sind die Statistiken, nach denen rund 60 Prozent der Schulkinder manchmal unter Stress leiden und gar 20 Prozent zugeben, sich häufig bzw. dauerhaft gestresst zu fühlen.

Für Stress in der Grundschule gibt es viele Anlässe, mehr als Eltern sich das manchmal vorstellen können. Bekannte Schul-Stress-Situationen sind die Hausaufgaben, mündliches Abfragen oder schriftliche Tests, unverstandener Schulstoff, mangelnde Vorbereitung sowie der Unterrichtsstil des Lehrers. Welche Situation mit Stress verbunden ist, lässt sich oft erst sagen, wenn Stressreaktionen auftreten.

Doch wie reagieren Kinder auf Stress? Die Antwort: ganz unterschiedlich. Die einen fangen an zu weinen, die anderen kriegen Angst. In der Nacht können die Kinder nicht schlafen oder haben Alpträume. Die einen kompensieren den Stress, indem sie den Klassenclown spielen, die anderen werden wütend oder

Stress – die Managerkrankheit hält Einzug in die Schulen.

aggressiv. Viele Kinder ziehen sich zurück, können sich immer schlechter konzentrieren und haben keinen Spaß mehr an der Schule.

Im schlechtesten Fall macht Stress krank (siehe oben).

Machen Sie Ihrem Kind klar, dass sich seine Persönlichkeit nicht ausschließlich über schulische Leistungen definiert. Finden Sie für die Freizeit einen positiven Ausgleich, der auch Erfolge mit sich bringt.

Auffällig nervös? Tics und Stottern

Tics machen das Leben zusätzlich schwer.

Unsichere und ängstliche Kinder äußern ihr Unwohlsein auf unterschiedliche Weise. Als deutliche Zeichen für Nervosität werden so genannte Tics angesehen. Der Fachbegriff »Tic« kommt aus dem Französischen und bezeichnet unkontrollierbare Muskelzuckungen.

Gerade im Einschulungsalter kommt es häufig zur Ausbildung von Tics, die sich mit Augenzwinkern, Naserümpfen, Räuspern oder Handbewegungen äußern.

Natürlich sind Kinder, die ausgeprägte Tics entwickeln, verstärkt dem Hohn und Gelächter der Mitschüler ausgesetzt, was wiederum die Problematik verstärkt. Die Ursachen sind überwiegend psychischer Natur und müssen kinderärztlich abgeklärt werden. Oft hilft eine Therapie.

Auch das Stottern, also Schwierigkeiten mit dem Redefluss, kann nervöse oder ängstliche Ursachen haben. Diese Sprachverzögerung tritt ebenfalls in der Grundschule gehäuft auf, verliert sich aber zumeist mit Beginn der Pubertät. Auch hier ist eine Abklärung durch den Kinder- und Jugendarzt anzuraten, gegebenenfalls wird eine Logopädie-Therapie empfohlen.

Autogenes Training für Grundschüler

Entspannung beginnt im Kopf – bei Kindern ebenso wie bei Erwachsenen. Der Vorteil für die Kleinen ist allerdings, dass ihnen die Welt der Magie und Fantasie noch viel näher ist als den Großen. Mit Fantasiereisen und entspannenden Atemübungen können Sie einen wertvollen Ausgleich zur schulischen Anspannung herstellen. Auch gut ist autogenes Training, das Kinder jedoch nur unter fachlicher Anleitung durchführen und erlernen sollten. Unsachgemäße Anleitung kann schnell zu Misserfolgen führen, die den Kindern wiederum den Spaß daran verderben würde. Das autogene Training basiert auf der Erkenntnis, dass Stress und Anspannung nicht nur im Kopf stattfinden, sondern auch körperliche Reaktionen beeinflussen. Eine zentrale Rolle spielt dabei das vegetative Nervensystem. Beim autogenen Training lernt man, das vegetative Nervensystem zu beeinflussen und im Idealfall zum »Umschalten« (vom Stress zur Entspannung) zu bringen.

Einnässen

Jedem Kind kann es mal passieren, dass es in die Hose oder nachts ins Bett macht. Wenn das jedoch öfter vorkommt oder nach der Einschulung zunimmt, dann ist das für Eltern durchaus ein Grund zur Sorge. Generell ist das Einnässen bei Grundschulkindern nicht so selten, vielen machen – vor allem nachts – noch manchmal ins Bett. Sie schlafen einfach so tief, dass sie die Signale der Blase nicht registrieren. Wer tagsüber manchmal in die Hose macht, der tut dass häufig, weil er glaubt, keine Zeit zu haben, um »aufs Klo« zu gehen.

Einnässen: »Die Seele weint sich aus.«

Plötzliches Einnässen bei Kindern, die zuvor damit keine Probleme mehr hatten, ist für Eltern immer ein Warnsignal. Früher sagte man »Die Seele weint unten heraus.« Heute lassen sich zumindest die körperlichen Defizite kinderärztlich abklären, bevor man seelische Ursachen in Betracht zieht. Einnässen (bei Tag oder Nacht) kann ein Stresssymptom sein, dann muss ein Kinderpsychologe helfen und die Ursachen dafür herausfinden. Die Einschulung bietet vielfache Möglichkeiten, dass Probleme aus der frühen Kindheit wieder auftreten – das Einnässen oder auch das Einkoten gehören durchaus dazu. Für Kinder ist das unendlich peinlich und führt darüber hinaus zur Isolation. Man kann nicht angstfrei bei Freunden übernachten, hält sich bei Ausflügen und Klassenfahrten lieber zurück und verzichtet überhaupt auf vieles, was doch Spaß machen würde.

Verlassen Sie sich nicht darauf, dass sich das Problem von alleine löst, sondern suchen Sie sich Hilfe.

Was hilft am besten gegen Einnässen?

Wenn der Kinder- und Jugendarzt organische Ursachen ausschließen konnte, wird er mit den Eltern weitere Schritte überlegen. Manchen Kindern hilft es bereits, einen Kalender zu führen, an dem die »trockenen« Tage mit einer Sonne und die »nassen« Tage mit einer Regenwolke markiert werden. Fast jedes fünfte Kind gewinnt dadurch die Kontrolle über seine Blase wieder zurück.
Weitere einfache Maßnahmen sind bestimmte Einschlafrituale und die Anbringung eines Nachtlichts (damit das Kind im Dunkeln den Weg zur Toilette schneller findet). Blasentraining und regelmäßige Toilettenbesuche (auch nachts) sind weitere Maßnahmen. Hilft das alles nichts, dann gibt es noch die »Klingelhose«. Das ist ein Feuchtigkeitsfühler für die Unterhose, der ein Klingelzeichen auslöst, wenn er mit Feuchtigkeit (sprich Urin) in Verbindung kommt. Bei psychischen Problemen hilft auch eine Therapie.

Aggression – zu viel oder zu wenig Biss?

Wer Angst hat und Stress empfindet, reagiert nicht automatisch zurückgezogen und still. Bei manchen Kindern zeigt sich schulische Überforderung auch in Aggression und Wut. Manchmal richtet sich die Aggression gegen andere Schüler, öfter ist die Familie selbst Ziel wütender Attacken. Dabei muss es für Wut und Aggression nicht immer einen offensichtlichen Auslöser geben, manchmal ist der Ansturm der Gefühle so groß, dass scheinbar nur ein wildes »Drauflosbrüllen« Erleichterung verschafft. Aggression hat viele Gesichter. Sie richtet sich gegen andere Menschen, gegen Tiere, gegen Dinge; sie kann körperlich direkt auftreten oder wird verbal artikuliert. Jungen sind eher die »Hau-drauf«-Typen – im Fachjargon nennt man das direkte Gewalt. Mädchen zeigen aggressives Verhalten eher durch indirekte Gewalt, also verbal durch üble Nachrede oder Gerüchte.
Leider lernen die Kinder auch in diesem Bereich von negativen Vorbildern. Was beim Fernsehen und Computerspielen vermittelt wird, versuchen sie in die Tat umzusetzen. Ebenso übernehmen sie den Wortschatz von älteren Schulkameraden, Geschwistern, Freunden – und den Eltern.
Mit Aggressivität umzugehen, fällt vielen Eltern schwer. Zeigt ein Kind zu wenig aggressives Verhalten, kann es seine Interessen gegenüber Gleichaltrigen oft nicht so gut durchsetzen. Er oder sie wird als Schwächling abgetan, herumgeschubst oder ausgenutzt. Zu viel Aggressivität macht ein Kind unbeliebt und die anderen gehen ihm lieber aus dem Weg. Für Grundschulkinder ist es oft schwierig, die richtige Balance zwischen zu viel und zu wenig Aggressivität zu finden. Wichtig ist es da, dem Kind zu helfen, indem man ihm vermittelt ...

Eltern sollten mit gutem Beispiel vorangehen!

- Wut mit Worten, statt mit Taten auszudrücken.
- die Gründe für Wut zu formulieren.
- seine Wünsche zu äußern.

Kinder vor Gewalt schützen

Wo Täter sind, sind auch Opfer. Gewaltsame Übergriffe auf dem Pausenhof, auch an Grundschulen, sind leider keine Ausnahme, sondern Normalität. Doch wie verhält man sich richtig? Einmischen oder raushalten? Mit anderen Eltern oder mit Lehrern reden? Oder wird das Kind gerade dadurch zum Opfer gemacht? Die Erwartungen an Grundschüler sind klar definiert und umfangreich: Sie sollen selbstbewusst und tolerant sein, konfliktfähig und fair handeln, einen Platz in der Klassengemeinschaft finden und Zugehörigkeitsgefühl entwickeln. Hohe Ansprüche, denen nicht alle Kinder gleichermaßen gerecht werden können.

Ein friedvolles Miteinander aller Schüler ist nur ganz selten möglich. Denn: Die Klassenkameraden kann man sich nicht aussuchen. Kaum irgendwo sonst findet man so viele unterschiedliche Begabungen und Talente, Nationalitäten, Religionen und soziale Unterschiede wie in der Grundschule. Eltern erwarten, dass die Schule ihre Kinder (be)schützt und wichtige Erziehungsmaßnahmen einleitet, um ein friedvolles Zusammenleben und -lernen zu ermöglichen. Doch das können die Schulen oft nicht leisten.

Kinder, die fast täglich so nahe zusammen sind, regeln Nähe und Distanz zumeist auf eigene Weise. Wird die Diskrepanz zwischen den Starken und Schwachen jedoch zu groß, müssen die Lehrer eingreifen, um die Balance wieder herzustellen. Aber sind die Eltern deshalb außen vor?

Nein, das sind sie nicht, denn sie geben ja ihre Verantwortung als Eltern nicht an den Schultoren ab. Einerseits gilt es, den übertriebenen Beschützerinstinkt zu unterdrücken, andererseits muss man dem Kind den Rücken stärken, damit es Konflikte alleine lösen lernt.

Dazu kann man einiges beitragen, indem man mit Lehrern und anderen Eltern im Gespräch bleibt, soziale Kontakte und Freundschaften fördert oder in letzter Konsequenz die Unterstützung des Schulpsychologen und des Elternbeirats einfordert.

Ebenso fatal ist die Erkenntnis, dass vielleicht das eigene Kind nicht Opfer, sondern Täter oder zumindest Mitläufer ist. Wenig hilfreich ist es, sich dann aus dem Konflikt auszuklinken und allenfalls zu Hause zu schimpfen. Offene Gespräche helfen auch hier, den Ausgleich wieder herzustellen.

Mobbing in der Schule

Bis vor wenigen Jahren war dieser Begriff überwiegend auf Erwachsene im Berufsleben bezogen, heute ist er (leider) auch an Schulen gebräuchlich. Das Wort wird inzwischen für viele Konflikte aus dem Schülerleben verwendet. Doch was ist Mobbing im eigentlichen Wortsinn? Darunter versteht man das absichtliche, lang anhaltende und systematisch durchgeführte Schikanieren von Mitschülern durch Worte, Taten und körperliche Übergriffe.

Dabei bieten Schulen ganz allgemein den idealen Nährboden dafür, denn man kann sich die Mitschüler nicht aussuchen und ist noch dazu gemeinsam in bestimmten Gegebenheiten »gefangen«. Wird nachgefragt, warum der eine den anderen schikaniert, werden oft Äußerlichkeiten oder Verhaltensweisen aufgezählt, die Anlass für Schikane sind, doch die wahren Ursachen trifft das nicht. Beim Mobbing geht es um Macht, Status und Zugehörigkeit einerseits und um Abhängigkeit, Willkür und Ausgeliefertsein andererseits. Daraus ergibt sich der Teufelskreis des Mobbings.

Ist Ihr Kind Opfer oder Täter in einer Mobbingsituation, dann nutzt es nicht viel, sich einen einzelnen Täter oder ein Opfer herauszugreifen und zur Rede zu stellen. Mobbing ist ein Gruppenproblem und muss von der Gruppe gelöst werden. Dabei brauchen alle Beteiligten Hilfe, die oft nur externe Berater liefern können.

Die ersten Ferien: Die haben Sie sich verdient!

Kaum haben sich die Kinder an den Schulalltag gewöhnt, stehen auch schon die ersten Ferien vor der Tür. Manche Eltern stellen nach sechs bis acht Wochen Schule (dann kommen die Herbstferien) erstaunt fest, dass die Kinder die Auszeit wirklich brauchen.

Langeweile ist gut gegen Schulstress.

Manchen wird erst dann richtig klar, wie anstrengend die Schule für ihre Kinder ist und wie notwendig regelmäßige Auszeiten sind. Doch was fängt man mit den Ferien an? Ist Aktivität oder Ruhe angesagt? Manche berufstätigen Eltern haben da überhaupt keine Wahl – und für die Kinder ist ausgedehnte Langeweile nicht das schlechteste Erholungsprinzip.

Nachholen oder erholen?

Gerade dann, wenn der Start in die Schulzeit unerwartet stressig und problematisch war, brauchen Kinder eine Auszeit in Form von Ferien ganz besonders dringend.

Falsch wäre es, die Kleinen jetzt sofort in den Urlaub zu schicken. Dafür sind die ersten Ferien zumeist ohnehin viel zu kurz. Die Kinder brauchen zudem einige Zeit, um den »Schulmotor« auf Normalbetrieb zurückzuschalten. Erst dann kann Erholung beginnen.

Viele Eltern sehen in den Ferien eine willkommene Gelegenheit, versäumten Schulstoff nachzuholen. Es ist sicher nicht schlecht, die freie Zeit dafür zu nutzen, nur übertreiben darf man es damit nicht. Bleiben Kinder schulisch am Ball, so fällt hinterher der Einstieg leichter. Andererseits sollten Ferien zur freien Verfügung stehen und nicht gleich wieder durch neue Strukturen und Muss-Zeiten vollgepflastert werden.

Langeweile hat Erholungspotential!

Ein Indikator für kindliches Wohlbefinden ist das Spielen. Besonders ruhig und entspannt sind Kinder, wenn sie sich in eine Ecke oder ihr Zimmer verkriechen und durch Spielen in eine Fantasiewelt flüchten. Im Spiel mit Indianern und Cowboys, mit Puppen und Plüschtieren verarbeiten die Kinder auf ihre eigene Weise alle Sorgen und Ängste. Für ausgedehntes, selbstvergessenes Spielen ist während der Schulzeit kaum Freiraum. Manchmal aber wird freie Zeit auch langweilig. Was soll man dann tun? Am besten nichts. Bei den meisten Eltern taucht zwar gleich das Schreckgespenst des nörgelnden Kindes auf, das den Erwachsenen an den Nerven zerrt. Doch Kinder erholen sich am besten, wenn sie gelangweilt »in der Ecke hängen«. So haben sie die Chance, Eigeninitiative zu entwickeln, etwas Neues auszuprobieren. Das führt sie automatisch zu sportlichen Aktivitäten, ihren Freunden oder in die Spielecke. Dinge zu tun, die sie wollen und die sie nicht tun müssen – das ist wahre Erholung und der Sinn und Zweck von Ferien.

> **Spielen bringt die Schüler wieder auf Kurs.**

Das erste Zeugnis

Apropos Ferien: Die ersten langen Sommerferien nehmen dann noch mal einen Sonderstatus ein. Hat man dieses Ziel erreicht, dann ist das erste Schuljahr vorbei und es gibt auch die ersten Jahreszeugnisse. Die Erwartungen sind vielleicht schon leicht gedämpft, denn das allererste Zeugnis gab es ja schon nach einem halben Schuljahr. In den ersten beiden Grundschulklassen werden noch keine Schulnoten – im Sinne von 1 für sehr gut bis 6 wie ungenügend – verteilt, sondern so genannte Wortgutachten erstellt.

In den zensurfreien ersten beiden Schuljahren werden die Leistungen des Kindes an folgenden zwei Maßstäben gemessen.

Der **individuelle Maßstab** orientiert sich am Kind. Die Lehrkraft fragt sich also, wo stand das Kind bei der Einschulung, was hat es hinzugelernt und welche Methoden der Problembewältigung stehen ihm zur Verfügung. Dadurch lässt sich der individuelle Lernfortschritt bemessen. Es wird also kein Vergleich zu anderen Schülern in diese Bewertung miteinbezogen. Im Gegensatz dazu gibt es den **anforderungsbezogenen Maßstab** der Beurteilung. Dabei markieren die Fähigkeiten, die bis zum Ende des Schuljahres erreicht werden müssen, quasi das Ziel einer bestimmten Wegstrecke. Die Frage lautet dann, an welchem Streckenabschnitt befindet sich das Kind gerade und wie kann es den Rest des Weges bewältigen.

Das Problem mit diesen Bewertungsmaßstäben ist generell, dass bei der Einschulung bereits wesentliche Unterschiede zwischen den Kindern bestehen. Ein Beispiel: Die einen können schon lesen, die anderen überhaupt noch nicht. Die einen haben also einige Wochen bis Monate einen verhältnismäßig »lauen Lenz«, während die anderen richtig Gas geben müssen, um an die Klassenkameraden heranzureichen.

Wo das Kind steht – im Vergleich zu seinen Klassenkameraden – ist für Eltern nur schwer zu eruieren. Das ist einerseits ganz gut, weil dadurch nicht zuviel Druck von Seiten der Eltern auf das Kind entsteht, andererseits verleitet es unter Umständen, die »Schulsachen« etwas zu locker zu sehen und dadurch den Anschluss zu verpassen.

Lernen, zwischen den Zeilen zu lesen

Lebt es sich ohne Noten wirklich leichter?

Wer einmal ein Wortgutachten eines durchschnittlichen Schülers gelesen hat, dem werden vor Entsetzen die Haare zu Berge stehen. Die Formulierungen sind ähnlich denen, die man in beruflichen Zeugnissen lesen kann, nur verbergen sich dahinter ganz andere Bedeutungen.

Ziel der Wortgutachten ist es, die persönliche Leistung des Kindes zu bewerten, ohne dabei die Leistung anderer als Vergleich heranziehen zu müssen. Das ist gut und richtig so, denn die Startvoraussetzungen zu Beginn der ersten Klasse sind höchst unterschiedlich und mit dem klassischen Notenbewertungssystem wäre dem nicht gerecht zu werden. Was zählt, ist im ersten Jahr die individuelle Anstrengung, der individuelle Zuwachs an Können und Wissen.

Was Eltern also für formulierte Zeugnisse lernen müssen, ist zwischen den Zeilen zu lesen – und nicht gleich das Schlimmste anzunehmen. Wenn sich z. B. ein Kind »bemüht« hat, dies und jenes zu lernen, dann ist das durchaus positiv, denn es suggeriert Anstrengungsbereitschaft, ohne die ein Lernen nicht möglich wäre.

Geschafft! Das war das erste Jahr

Und ehe man sich versieht, ist das erste Jahr auch schon vorbei. Für alle Kinder ist zu hoffen, dass es ein gutes Jahr war, voller neuer Erfahrungen und mit einem großen Wissenszuwachs, wie er so nie wieder komprimiert vermittelt werden kann. Für manche Kinder war es ein leichtes Jahr, ein Spaziergang durch den Garten des Wissens. Für andere Kinder hingegen war es ein schwieriges Jahr, voller Hürden, die unerwartet aufgetaucht sind und die es zu überwinden galt. Nach einem Jahr Schule sind die Kinder nicht mehr klein, sie haben viel gelernt, für die Schule, für die Eltern und für sich selbst.

Nicht für die Schule lernen wir ...

Die wichtigste Erkenntnis rund um den Schulalltag bleibt den künftigen Zweitklässlern zumeist noch verborgen, dass sie nämlich nicht für die Schule, sondern für ihr eigenes Leben lernen. Diese Erkenntnis war vielleicht noch ganz am Anfang da, doch mit dem Schulalltag verflüchtigt sie sich zunehmend – meistens jedenfalls.

Viele Eltern kommen nach den Erfahrungen des ersten Schuljahres zu der Erkenntnis, dass es vielleicht doch noch zu früh war, ihr Kind in die Schule zu schicken, doch für ein Zurück ist es jetzt ohnehin zu spät und daraus für die Zukunft lernen kann man auch nicht.

Jedes Kind ist anders und jedes Kind reagiert anders auf Schule. Individuelle Voraussagen sind – wie schon am Anfang dieses Buches gesagt – immer schwierig, wenn nicht gar unmöglich.

Was die Zukunft bereithält, lässt sich nicht vorhersagen.

Die Erkenntnis, dass die Kinder für sich selbst und für ihr Leben lernen, müssen sie selbst erlangen. Und das dauert erfahrungsgemäß ziemlich lange. Nur die Eltern wissen, um was es eigentlich geht, um die Zukunft nämlich. Und die würden wir so gerne planen und vorhersagen und beeinflussen, doch das können wir nicht. Es liegt in der Hand des Kindes, an seinem Lernwissen, seinem Durchsetzungsvermögen und seinem Potential. Das zu entfalten ist Aufgabe der Lehrer, die Aufgabe der Eltern ist es, die Kinder auf diesem Weg zu begleiten.

Adressen

Der Deutsche Bildungsserver ist ein Internetportal, ein Wegweiser für alle und alles rund um Schule: www.bildungsserver.de

Bundesministerium für Bildung und Forschung
www.ganztagsschulen.org

BundesElternRat
Bernauer Straße 100
D-16515 Oranienburg
www.bundeselternrat.de

Grundschulverband –
Arbeitskreis Grundschule e. V
Niddastraße 52
D-60329 Frankfurt/Main
www.grundschulverband.de

Verband deutscher Privatschulverbände
Reinhardtstr. 18
D-10117 Berlin
www.privatschulen.de

Montessori Dachverband
Deutschland e. V.
Feldbergstr. 2
D-65830 Kriftel
www.montessori-deutschland.de

ZBFS – Bay. Landesjugendamt
www.elternimnetz.de

Westfälische Wilhelms-Universität
Münster
Fachbereich Erziehungswissenschaften
www.lernserver.de

Aktion Humane Schule e. V.
Rathausplatz 8
D-53859 Niederkassel
www.aktion-humane-schule.de

Stiftung Lesen
Römerwall 40
D-55131 Mainz
www.stiftung-lesen.de

Studienkreis nachhilfe.de
Universitätsstr. 104
D-44799 Bochum
www.nachhilfe.de

DIN Deutsches Institut für Normung e. V.
Burggrafenstraße 6
D-10787 Berlin
www.din.de (Schulranzen)

Empfehlenswerte websites für alle
Schulprobleme und die Arbeit der
Schulpsychologen für Eltern, Lehrer
und Kinder
www.schulpsychologe.de
www.schulpsychologie.de

Infos zu Schulproblemen aus
medizinischer Sicht
www.kinderaerzteimnetz.de
www.kinderpsychiater.org

Bundesvereinigung Prävention und
Gesundheitsförderung e. V. (BVPG)
Heilsbachstraße 30
D-53123 Bonn
www.bvpraevention.de

Deutsche Gesellschaft für Phoniatrie
und Pädaudiologie e. V.
www.dgpp.de

Berufsverband der Augenärzte
www.augeninfo.de

ADHS Deutschland e. V.
Bundesgeschäftsstelle
Postfach 410724
D-12117 Berlin
www.adhs-deutschland.de

ADHS-Schweiz
Dipl.-Psych. Piero Rossi
Fachpsychologe für Psychotherapie FSP
Breitfeldstrasse 24
CH-5600 Lenzburg
www.adhs.ch

Zu früher Lese- und Recht-
schreibschwäche
www.phonologische-bewusstheit.de

Bundesverband Legasthenie
und Dyskalkulie
www.bvl-legasthenie.de
www.bvl-dyskalkulie.de

Österreichischer Legasthenie Verband
Rosentalgasse 11/23
A-1140 Wien
www.legasthenieverband.at

Verband Dyslexie Schweiz
Alpenblick 17
CH- 8311 Brütten
www.verband-dyslexie.ch

Fachgruppe »Hochbegabter« im
Berufsverband der Psychologen
www.die-hochbegabung.de

Nummer gegen Kummer e. V. (kostenfrei):
Für Kinder: 0800/1110333
Für Eltern: 0800/1110550